工会劳动法律监督“一函两书”工作指导手册

中华全国总工会
法律工作部——编著

中国工人出版社

图书在版编目（CIP）数据

工会劳动法律监督“一函两书”工作指导手册 / 中华全国总工会法律工作部编著. —北京：中国工人出版社，2024.2
ISBN 978-7-5008-7857-5

Ⅰ. ①工…　Ⅱ. ①中…　Ⅲ. ①劳动法–法律监督–中国–手册
Ⅳ. ①D922.5-62

中国国家版本馆CIP数据核字（2024）第056291号

工会劳动法律监督“一函两书”工作指导手册

出 版 人	董　宽
责任编辑	赵晨羽　张姗姗
责任校对	张　彦
责任印制	栾征宇
出版发行	中国工人出版社
地　　址	北京市东城区鼓楼外大街45号　邮编：100120
网　　址	http://www.wp-china.com
电　　话	（010）62005043（总编室） （010）62005039（印制管理中心） （010）62382916（工会与劳动关系分社）
发行热线	（010）82029051　62383056
经　　销	各地书店
印　　刷	三河市国英印务有限公司
开　　本	850毫米×1168毫米　1/32
印　　张	6.375
字　　数	120千字
版　　次	2024年4月第1版　2024年4月第1次印刷
定　　价	30.00元

目录

第一部分　知识问答

01 什么是工会劳动法律监督“一函两书”制度？ 003

02 工会为什么要积极推进“一函两书”制度落实？ 005

03 工会开展“一函两书”制度建设的意义是什么？ 005

04 工会劳动法律监督工作和“一函两书”制度之间有什么关系？ 006

05 《工会劳动法律监督办法》关于“一函两书”制度有哪些新的修改？ 007

06 实践中，“一函两书”在工会劳动法律监督方面是如何体现的？ 008

07 《全面推行工会劳动法律监督“一函两书”工作方案》的必要性体现在哪些方面？ 010

08 如何规范使用“一函两书”？ 011

09 全国工会推行“一函两书”制度的主要目标是什么？ 012
10 全国总工会统筹管理“一函两书”工作的主要内容有哪些？ 013
11 地方工会开展“一函两书”工作的主要内容有哪些？ 015
12 基层工会开展“一函两书”工作的主要职责有哪些？ 016
13 畅通工会劳动法律监督的投诉渠道主要有哪些？ 018
14 如何建立工会劳动法律监督组织？ 019
15 工会如何开展日常劳动法律监督？ 020
16 工会开展对用人单位的劳动法律监督的内容有哪些？ 021
17 如何处理工会劳动法律监督的调查结果？ 022
18 全面推行工会劳动法律监督“一函两书”的重点任务有哪些？ 023
19 全国总工会推行“一函两书”制度的组织保障有哪些？ 025
20 用人单位违反劳动法律法规的，工会如何处理？ 026
21 全国总工会要求各级工会抓好落实《全面推行工会劳动法律监督“一函两书”工作方案》的工作要求有哪些？ 026

22 工会与检察机关协同推进运用“一函两书”制度的主要目标是什么？ 028

23 检察机关推动劳动法律监督的履职重点有哪些？ 029

24 工会如何与检察机关通过“一函两书”制度加强配合，协同协作保护劳动者权益？ 031

25 工会如何加强与检察机关协作，共同推进“一函两书”事前监督和风险提示？ 032

26 工会如何与检察机关协同推进“一函两书”工作，共同促进依法行政？ 033

27 各级工会与检察机关协作推进“一函两书”制度实施的工作要求有哪些？ 034

28 工会在开展与法院协同协助机制建设中，各级法院支持工会推进“一函两书”制度实施的举措有哪些？ 035

29 全国总工会与最高人民法院协同推进“一函两书”工作的主要目标和内容是什么？ 036

30 全国总工会与人力资源社会保障部在推动“一函两书”维护职工权益方面的协作重点是什么？ 039

第二部分 工具模板

工会劳动法律监督提示函（全国样本） 043

工会劳动法律监督意见书（全国样本） 044
工会劳动法律监督建议书（全国样本） 045
福建省工会劳动法律监督提示函
（适用于地方总工会劳动法律监督委员会） 046
福建省工会劳动法律监督提示函
（适用于行业、基层工会劳动法律监督委员会） 047
福建省工会劳动法律监督意见书 049
福建省工会劳动法律监督建议书 051
福建工会劳动法律监督案件登记表 052
“一函两书”工作流程图 054

第三部分　法律政策

中华人民共和国工会法 057
中华人民共和国劳动法 073
中华人民共和国劳动合同法 094
中国工会章程 122
劳动保障监察条例 145
人力资源社会保障部关于实施《劳动保障监察条例》若干规定 157

劳动和社会保障部　中华全国总工会关于加强劳动保障监察与工会劳动保障法律监督相互协调配合工作的通知　170
劳动和社会保障部办公厅关于规范聘请劳动保障法律监督员工作的通知　174
最高人民检察院　中华全国总工会关于协同推进运用“一函两书”制度保障劳动者权益工作的通知　177
中华全国总工会　最高人民法院关于协同推进“一函两书”工作的通知　183
中华全国总工会办公厅关于印发《工会劳动法律监督办法》的通知　187

第一部分

知识问答

01 什么是工会劳动法律监督“一函两书”制度？

工会劳动法律监督“一函两书”制度是工会及相关单位为提醒用人单位落实好劳动法律法规，或纠正其违法劳动用工行为而适用相关文书的制度。“一函”指的是《工会劳动法律监督提示函》(以下简称《提示函》)，“两书”指的是《工会劳动法律监督意见书》(以下简称《意见书》)和《工会劳动法律监督建议书》(以下简称《建议书》)。

《提示函》的作用主要是及时发现用人单位违法用工风险隐患或苗头性问题。它的发函主体有两类，一是用人单位工会或工会劳动法律监督组织，包括工会劳动法律监督委员会和监督小组等形式；二是县级以上地方总工会。二者的提示内容和发函对象不同。我们来看第一种情形。当工会或工会劳动法律监督组织发现某个用人单位存在劳动用工违法情况或相关风险隐患时，可以口头提示、沟通协商，必要时，向该用人单位发出《提示函》，这样的提示函是定向的，即发函对象是特定的，提示内容也带有具体的针对性或指向性。再来看第二种情形，某县级以上总工会可以就本区域带有普遍性的问题，发布公开《提示函》，提示用人单位遵守法律规定，消除劳动用工风险隐患，发函内容具有公开性和广泛性。

《意见书》是“一函两书”中具有承上启下功能的关键环节。按照《工会劳动法律监督办法》，它的适用情形也要做适当区分。当某基层工会或工会劳动法律监督组织发现用人单位存在违反劳动法律法规、侵害职工合法权益的行为，经提示或者与用人单位协商无效的，由该用人单位所在地县级以上总工会向用人单位发出《意见书》，提出改正意见。根据实际情况，也可以由基层工会或基层工会劳动法律监督组织向用人单位发出《意见书》。

《建议书》是“一函两书”中刚性较强的环节，主要在《意见书》纠正违法劳动用工行为无果，需要行政执法部门介入的情形下适用。具体来讲，用人单位收到《意见书》后，未在规定期限内答复或者无正当理由拒不改正的，由县级以上总工会向同级政府有关执法部门发出《建议书》，并移交相关材料，提请依法调查处理。发出《建议书》前，地方总工会可以先行与有关执法部门进行沟通。

相比《提示函》与《意见书》，《建议书》在实践中使用的数量非常少，大多数问题在《意见书》的阶段已经基本解决。

02 工会为什么要积极推进“一函两书”制度落实？

全面推行工会劳动法律监督“一函两书”是落实习近平总书记关于工人阶级和工会工作的重要论述特别是依法维护职工群众合法权益重要指示，保障劳动者权益的一项具体行动；是工会履行维权服务基本职责的一项重要任务；是坚持和发展新时代“枫桥经验”，推动劳动法律法规落实落地的有力抓手。“一函两书”作为一种源头治理、预防在前的劳动法律监督措施，对于保障劳动者合法权益，预防化解劳动用工风险，推动构建和谐劳动关系，维护社会大局和谐稳定，具有重要意义。因此，各级工会要落实全国总工会 2024 年“559”工作总要求，通过运用“一函两书”，推动解决劳动法律规定在基层落实不到位等问题，认真履行工会维权服务基本职责，依法维护好职工群众合法权益。

03 工会开展“一函两书”制度建设的意义是什么？

2024 年，全国工会认真学习贯彻习近平总书记重要讲话精神和党中央重大决策部署，落实中国工会十八大会议精神，提出“559”工作总要求，即实施5大工程，开展5大行动，抓好9项重点工作。其中5大行动中，第5个行动是“涉工法律规定执行监督专项行动”，“一函两书”是这个行动的重要内容之一。部署这个行动，通过全面推行工会劳动法律监督“一函两书”来保障劳动者权益，是落实习近平总书记重要指示的一项具体行动，是工会履行维权服务基本职责的一项重要任务，是坚持和发展新时代“枫桥经验”，推动劳动法律法规落实落地的有力抓手。实践经验证明，“一函两书”作为一种源头治理、预防在前的劳动法律监督措施，对于保障劳动者合法权益，帮助企业规范经营、预防化解劳动用工风险，推动构建和谐劳动关系、维护社会大局和谐稳定具有十分重要的现实意义。

04 工会劳动法律监督工作和“一函两书”制度之间有什么关系？

工会劳动法律监督，是工会依法对劳动法律法规执行情况进行的有组织的群众监督，是我国劳动法律监督体系的重要组成部分。开展劳动法律监督既是法律赋予工会的一项权利，也是工会参与社会治理的重要途径，是工会必须履行的重要责任。“一函两书”制度是一种源头治理、预防在前的劳动法律监督措施，是工会开展劳动法律监督工作的重要抓手和形式，将劳动矛盾化解工作关口前移，通过工会积极介入，及时提醒、督促用人单位依法用工，以起到预防和化解劳动纠纷的作用。通过“一函两书”这个重要抓手，可以有效推动解决劳动法律法规政策在基层执行的问题。

05 《工会劳动法律监督办法》关于“一函两书”制度有哪些新的修改?

为了更好地规范“一函两书”，切实推动劳动法律法规政策的贯彻执行，按照全国工会的统一要求，全国总工会法律部认真梳理《工会劳动法律监督办法》有关规定，对包括规范运用“一函两书”开展劳动法律监督等在内的部分内容作了修改完善。特别是为更好匹配“一函两书”实际需要，明确了工会“上代下”的劳动法律监督模式。

《工会劳动法律监督办法》对涉及“一函两书”的条文进行了修改。一是在第一条中增加《中华人民共和国劳动合同法》作为制定办法的依据。二是在第五条中明确了“上代下”的工会劳动法律监督工作要求和用人单位未建立工会时的劳动法律监督方式。三是根据《工会法》等法律规定，党中央、国务院关于综合执法改革方案设计，适应劳动法律监督行政执法主体的变化，在第八条第四项中将政府作为依法处理的主体，并将“主管”部门修改为“执法”部门；将第二十七条第四款中的“主管”部门修改为“执法”部门。四是根据国家法律相关规定，在第九条中将建会入会、企业民主管理及依法制定劳动规章制度、决定重大事项等纳入工会劳动法律监督范围。在第十条中将女职工权益保护增加为监督重点，同时增加了工会对平台企业和平台用工合作企业、劳务派遣用工的劳动法律监督职责。五是从规范和统一表述角度，对第八条第二项、第十三条、第二十三条、第二十六条有关内容作了技术性修改。六是在第二十七条中增加相关表述，对工会发出“一函两书”的条件、责任主体及工作流程作出明确规范。

06 实践中，“一函两书”在工会劳动法律监督方面是如何体现的？

近年来，“一函两书”已经成为工会开展劳动法律监督的一种有效形式，是充分发挥工会群众监督优势和劳动保障监察行政监督优势的有效载体。

实例一：河南省新乡市总工会联合市中院、市人社局、市发改委等部门建立“三书一公布”制度（《劳动者权益保护意见书》《劳动法律监督告知书》《劳动法律监督建议书》和社会公布制度），构建了以劳动法律监督、劳动争议调解、劳动法律援助为内容的“三位一体”法律维权体系，从源头化解劳动纠纷，大大提高了职工群众的满意度。

实例二：江苏省徐州市丰县某玻璃公司职工杨某等8名农民工，到丰县总工会反映其所在公司已连续4个月未发放职工工资，已连续5个月未发放职工加班费，请求帮助解决。接到情况反映后，丰县总工会迅速指派3名劳动法律监督人员到企业开展现场调查。监督人员首先查阅并复印了企业的职工花名册、职工考勤记录和工资单，又找到正在车间工作的5名职工进行谈话，并如实记录形成笔录，确认杨某等8人是该企业的在职职工，其反映的问题确实存在。监督人员立刻联系该企业负责人王某，并向企业发出了工会劳动法律监督询问通知书。经询问，王某对职工反映问题和监督人员收集的证据予以认可。但是强调造成这次拖欠工资的原因是货款被客户拖欠得过多，企业生产资金周转困难，并承诺月底前货款一到就马上补发工人工资。监督人员将情况如实向县总工会进行报告，同时给企业负责人讲解有关法律法规和拖欠农民工工资的严重后果，督促其尽快支付到位。但是在约定的时间，企业仍称未要到货款，没有资金发放职工工资，职工情绪开始不稳定。县总工会根据监督调查情况和监督人员的建议，当即向该企业发出了《工会劳动法律监督意见书》，要求企业在十五个工作日内研究并作出处理意见。意见书发出后，县总工会多次督促企业抓紧落实整改，同时向职工说明企业情况，引导职工理性耐心对待。最终在半个月后，该公司筹措资金一次性补发了拖欠 42 名职工的工资和加班费。

实例三：近年来福建省总工会劳动法律监督委员会把握重点时段，在特定时间、针对不特定监督对象发出《工会劳动法律监督提示函》，提醒用人单位遵守劳动法律法规，保障职工合法权益。先后就保障农民工工资支付、规范用工、集体协商、高温保护、依法参加社会保险等事项，向全省用人单位发出有关提示函，提醒用人单位落实有关法律法规，推动构建和谐劳动关系。

07 《全面推行工会劳动法律监督“一函两书”工作方案》的必要性体现在哪些方面？

全国总工会印发了《全面推行工会“一函两书”工作

方案》（以下简称《方案》）。《方案》是与《工会劳动法律监督办法》修改工作同时推进的，目的都是为推行“一函两书”工作提供更为完善的制度框架。

“一函两书”是各地工会广泛采用的劳动法律监督形式。运用“一函两书”开展工会劳动法律监督，能够贴近职工、直达基层，及时发现劳动法律执行和职工权益维护相关线索，推动将劳动关系矛盾纠纷化解在基层，化解在萌芽状态。制定一个总体的工作方案有利于进一步明确工作步骤和重点任务，有利于发挥工会群众监督优势，强化工会与人社、法院、检察院的协作，也有利于全国工会系统统一行动，形成工作合力，推动解决劳动法律法规贯彻执行中存在的突出问题。

08 如何规范使用“一函两书”？

修改后的《工会劳动法律监督办法》第二十七条规定，用人单位违反劳动法律法规、侵害职工合法权益，经协商沟通解决不成的，由基层工会或工会劳动法律监督组织向用人单位发出《工会劳动法律监督提示函》。县级以上地方总工会可以就本区域带有普遍性的问题，公开发布《工会劳动法律监督提示函》。经《工会劳动法律监督提示函》提示或沟通无效的，根据实际情况，由县级以上地方总工会向用人单位发出《工会劳动法律监督意见书》，也可以由基层工会或工会劳动法律监督组织向用人单位发出《工会劳动法律监督意见书》。

用人单位收到《工会劳动法律监督意见书》后，应在三十个工作日内作出书面答复。用人单位未在规定期限内答复，或者无正当理由拒不改正的，由基层工会或工会劳动法律监督组织提请县级以上地方总工会向同级人民政府有关执法部门发出《工会劳动法律监督建议书》，并提供相关材料。

09 全国工会推行“一函两书”制度的主要目标是什么？

《方案》明确规定，全面推行工会劳动法律监督“一函两书”制度的主要目标，是实现工会劳动法律监督组织建设全覆盖、工会劳动法律监督员培训全覆盖、“一函两书”工作全覆盖，切实维护职工合法权益，构建和谐劳动关系。

通过开展“一函两书”制度能够实现四个目的。一是促使用人单位认真遵守执行劳动法律法规、纠正违反劳动法律法规的行为。二是工会通过推行“一函两书”制度、开展“一函两书”工作，能够在实践中发现问题、提出问题、研究问题，进而推动劳动法律制度和劳动法律监督体系完善。三是提高用人单位、用工单位和广大劳动者的法律意识和素质，促进我国的社会主义法治建设。四是促使工会自身不断培养和强化法治观念，不断改进维权方式方法，提高维权能力和水平，更好地服务职工群众。

10 全国总工会统筹管理“一函两书”工作的主要内容有哪些？

2024 年 3 月 6 日，全国总工会办公厅印发全国总工会领导在全国工会推行劳动法律监督“一函两书”工作部署会上的讲话，明确要求，全国总工会在全面推进“一函两书”工作中要做好统筹管理，主要内容包括：

（1）加强顶层设计。2023 年 12 月和 2024 年 1 月，全国总工会分别与最高人民法院、最高人民检察院联合印发会议纪要，对“一函两书”提出明确要求。2024 年 2 月 7 日，全国总工会与最高人民检察院印发了关于“一函两书”的通知。2 月 26 日，全国总工会印发了“一函两书”工作方案，2 月 27 日印发了修改后的《工会劳动法律监督办法》。这些前期工作为各级工会推进“一函两书”工作提供了有力支持，奠定了非常好的基础。要求各级地方工会系统要更加积极主动，进一步加强和同级地方法院、检察院、人力资源社会保障部门等单位的合作，强化顶层设计、把握总体方向，注重整体推进、凝聚工作合力。

（2）加强过程指导。全国总工会将针对“一函两书”执行过程中的实际情况，根据基层需要，研究、制定操作层面的指导文件、工作手册推进数据库建设，更好地解决实际工作中出现的新情况、新问题。

（3）加强先进典型的选树宣传、推广应用。全国总工会将按照“周总结、月通报”的规则，对“一函两书”实施情况进行总结宣传、推广应用，发布其中先进做法和典型案例，发挥先进典型的示范引领作用，不断提升“一函两书”的影响力。

（4）加强评估评价。全国总工会将每年对各地工会开展“一函两书”工作的进展情况进行评估评价，并把“一函两书”工作成效作为对各级工会工作考核评价的重要内容之一。

11 地方工会开展“一函两书”工作的主要内容有哪些?

地方工会在推行劳动法律监督“一函两书”工作中，要抓好指导督促，切实履行责任。具体要求包括：

（1）制定实施办法或细则。省级总工会要按照全国总工会工作方案要求，制定本地区推进“一函两书”工作的具体实施办法或工作细则，进一步明确目标任务、工作路径、步骤方法等。

（2）加强横向协调。各地工会要积极主动加强与同级法院、检察院、人社等部门的沟通交流、协同合作，综合发挥工会群众监督、司法监督和劳动保障监察的特点和优势，共同把劳动法律监督工作做好。特别要强调的是，协同协作的工作机制要常态化、持久化。

（3）加强指导督促。省级总工会要积极发挥本区域的统筹领导作用，加强对市级、县级总工会等的指导督促，支持市、县和基层工会积极开展劳动法律监督工作，确保各项工作落实落地。

（4）履行自身职责。各级地方工会特别是县级总工会要全力以赴，切实履行好“一函两书”中的关键责任。其中，重点关注两点。首先要履行好本级工会责任，做到该发函时发函、该发书时发书；其次要敢于为基层工会履职撑腰，并积极指导督促、支持帮助基层工会开展劳动法律监督工作。

（5）配置相应资源。各级地方工会尤其是省级总工会要充分保障“一函两书”工作所需的组织资源、资金资源和管理资源。首先是组织资源，其中包括劳动法律监督委员会等组织，以及相应的劳动法律监督员、工会劳动保护监督检查员、劳动争议调解员等；其次是资金资源，要确保“一函两书”工作需要的资金足额到位；最后是管理资源，各级工会的领导干部特别是主要领导要高度重视“一函两书”工作。

（6）加强培训。各级工会要采取多种方式加强“一函两书”所涉及人员的培训，不断提高专业素质和履职能力。

12 基层工会开展“一函两书”工作的主要职责有哪些？

基层工会在推行“一函两书”中的职责主要包括四个方面。

（1）清楚自身职责。各级地方工会要通过宣传培训、典型示范等多种措施，积极调动基层工会工作的积极性，发挥好基层工会的作用；特别要发挥好基层工会离职工群众最近，比地方工会更容易发现劳动用工方面存在的问题和风险隐患的优势，指导、帮助基层工会对用人单位遵守劳动法律法规情况进行日常性监督。基层工会要愿做愿当、敢做敢当、能做能当，根据基层的具体情况，依法合规、积极稳妥、因地制宜地用好“一函两书”，积极发挥好监督作用。同时，及时总结经验教训，不断迭代改进。

（2）落实组织建设。基层工会要扎扎实实地把劳动法律监督组织建立起来，并把人员配备到位。

（3）落实工作要求。基层工会要积极履行职责，发现存在问题时要及时发出“一函一书”，并向上级工会报告情况，便于上级工会指导、支持和帮助。

（4）加强培训培养。基层工会工作者，尤其是工会劳动法律监督员、劳动保护监督检查员和劳动争议调解员等，要加强对劳动领域法律和履行劳动法律监督职责所需专业知识的学习和培训，不断提高专业能力。

13 畅通工会劳动法律监督的投诉渠道主要有哪些?

对用人单位的劳动违法行为进行投诉是法律赋予职工的一项重要权利。接受投诉是工会及时了解掌握劳动关系矛盾苗头性、倾向性问题的重要方式，是建立完善劳动关系舆情监测机制的重要途径，对发挥工会劳动法律监督作用至关重要。畅通工会劳动法律监督投诉渠道，主要通过以下方式：

（1）加强信息公开。应当将工会劳动法律监督委员会的工作地址、电话等信息向社会公布，接受对用人单位违反劳动法律法规、侵犯职工合法权益的情况反映。

（2）畅通投诉渠道。可以通过设置工会劳动法律咨询接待窗口，现场受理劳动者投诉；也可以通过职工维权热线、微信公众号、工会劳动法律监督投诉网页等方式，接收投诉信息。

（3）做好后续处理。完善投诉处理程序，明确信息收集、登记、核实、受理、调查、处理、跟踪督查等各个阶段实施目标和操作内容，实现投诉全流程标准化管理。

实践中，部分地方工会通过完善信息收集、研判、回应机制，实现早知道、早介入、早处理，将劳动关系风险隐患降至最低。如，北京市总工会制定印发《关于通过12351热线对违反劳动法律法规行为进行有奖举报的工作方案》，建立违法有奖举报制度，积极拓展工会劳动法律监督渠道。江西、海南等省总工会建立信访接待、工会干部常态值班制度等，形成舆情、信访、调解、监督和法律援助五位一体化解劳动争议体系。

14 如何建立工会劳动法律监督组织？

修改后的《工会劳动法律监督办法》第三章第十四条规定，县级以上总工会设立工会劳动法律监督委员会，在同级工会领导下开展工会劳动法律监督工作。工会劳动法律监督委员会的日常工作由工会有关部门负责。基层工会设立劳动法律监督委员会或监督小组。工会劳动法律监督委员会受同级工会委员会领导。工会劳动法律监督委员会任期与本级工会任期相同。

第十五条规定，县级以上工会劳动法律监督委员会委员由相关业务部门的人员组成，也可以聘请社会有关人士参加。基层工会劳动法律监督委员会委员或监督小组成员从工会工作者和职工群众中推选产生。

第十六条规定，工会劳动法律监督委员会可以聘任若干劳动法律监督员。工会劳动法律监督委员会成员同时为本级工会劳动法律监督员。

15 工会如何开展日常劳动法律监督?

工会应当定期对用人单位遵守劳动法律法规、保障职工合法权益情况实施监督。在监督工作中，发现用人单位有违反劳动法律法规行为的，应当及时依照有关程序处理。工会劳动法律监督的主要步骤有：

（1）制定监督方案。监督方案主要内容一般包括监督的时间、内容、对象、方式和总体要求等。

（2）实施监督。监督兼顾不同类型的用工单位，突出重点行业、重点企业、重点园区等重点监督对象。一般采用实地抽查方式进行，实地抽查时应随机抽取对象，一般采取听取汇报、查阅资料、走访座谈等形式进行。

（3）督促整改。监督中发现用人单位存在违反劳动法律法规问题的，应当及时代表职工与用人单位协商，提出整改意见，并督促落实。

（4）总结宣传。监督结束后，组织监督活动的工会劳动法律监督组织要形成监督报告，报本级工会。必要时，可以通过新闻媒体对监督情况进行宣传报道。

16 工会开展对用人单位的劳动法律监督的内容有哪些?

修改后的《工会劳动法律监督办法》第九条规定：工会对用人单位的下列情况实施监督：

（1）执行国家有关就业规定的情况。

（2）执行国家有关订立、履行、变更、解除劳动合同规定的情况。

（3）开展集体协商，签订和履行集体合同的情况。

（4）执行国家有关工作时间、休息、休假规定的情况。

（5）执行国家有关工资报酬规定的情况。

（6）执行国家有关各项劳动安全卫生及伤亡事故和职业病处理规定的情况。

（7）执行国家有关女职工和未成年工特殊保护规定的情况。

（8）执行国家有关职业培训和职业技能考核规定的情况。

（9）执行国家有关职工保险、福利待遇规定的情况。

（10）执行国家有关支持劳动者参加和组织工会规定

的情况。

（11）执行企事业单位民主管理有关规定的情况。

（12）制定、修改劳动规章制度或者决定重大事项的情况。

（13）法律法规规定的其他劳动法律监督事项。

当前工会要重点监督用人单位恶意欠薪、违法超时加班、违法裁员、未缴纳或未足额缴纳社会保险费、侮辱体罚、强迫劳动、就业歧视、使用童工、侵犯女职工特殊权益、损害职工健康等行为。对发现的有关问题线索，应当调查核实，督促整改，并及时向上级工会报告；对职工申请仲裁、提起诉讼的，工会应当依法给予支持和帮助。各级工会应当加强对平台企业和平台用工合作企业、劳务派遣用工的劳动法律监督。

17 如何处理工会劳动法律监督的调查结果？

经调查，未发现用人单位存在违反劳动法律法规、损害职工合法权益情形的，应当及时终止调查。有投诉举报人的，应当及时通知投诉举报人调查结果。

经调查，认为用人单位存在违反劳动法律法规行为的，应当及时代表职工与用人单位进行沟通和协商，明确处理意见，督促用人单位整改。发现用人单位确实存在违反劳动法律法规、职工合法权益受到损害的情形，情节较为严重的，可以向用人单位发出《工会劳动法律监督意见书》。

工会应当对用人单位的整改情况进行跟踪督查。用人单位及时回复并整改到位的，将有关资料归档、结案。用人单位未整改、未回复的，县级以上地方总工会可以向同级政府人力资源和社会保障等有关部门发出《工会劳动法律监督建议书》，县级以上地方总工会应当及时跟踪处理结果，共同推动用人单位整改落实到位。

18 全面推行工会劳动法律监督“一函两书”的重点任务有哪些?

全面推行工会劳动法律监督“一函两书”工作的重点任务包括五个方面。

（1）夯实组织机构。2024 年底，实现全国县级以上总工会劳动法律监督组织全覆盖，基层工会劳动法律监督组织覆盖 50%；2026 年底，实现乡镇、街道工会劳动法律监督组织全覆盖，基层工会劳动法律监督组织覆盖 80%；2028 年底，实现各级工会劳动法律监督组织全覆盖。

（2）加大培训力度。各级工会要把劳动法律监督纳入工会干部培训内容。工会劳动法律监督员由县级以上总工会负责培训，每年培训监督员不低于本区域总数的40%。2024年底，完成县级以上总工会劳动法律监督员轮训；2026年底，完成乡镇、街道工会劳动法律监督员轮训，基层工会劳动法律监督员培训覆盖80%；2028年底，实现工会劳动法律监督员培训全覆盖。

（3）扩大工作覆盖。2024年底，县级以上总工会普遍建立“一函两书”工作制度并全面推行；2026年底，各级工会普遍建立信息共享、风险预警等快速响应机制，提升“一函两书”的有效性；2028年底，“一函两书”工作建成横向联动、纵向贯通的工作网格，实现工作全覆盖，推动劳动领域矛盾纠纷化解在基层、化解在萌芽。

（4）完善制度机制。各级工会要推动将“一函两书”内容纳入工会劳动法律监督专项地方立法及相关立法，纳入工会与人社、法院、检察院等单位协作联动机制，促进工会劳动法律监督与其他监督形式的有效衔接。推动出台“一函两书”工作指引，推行“上代下”监督模式，建立健全工作激励评价机制。

（5）强化大数据应用。推进工会数字化建设，构建“一函两书”工作数据库，增加“一函两书”工作信息查询、统计、追溯、报告，以及涉工劳动法律法规执行情况分析等功能，为工作的开展提供数据支撑。

19 全国总工会推行“一函两书”制度的组织保障有哪些？

全国总工会将针对“一函两书”执行过程中的实际情况，根据基层需要，研究和制定一些操作层面的指导文件、工作手册或者软件系统，更好地解决实际工作中出现的新情况、新问题。省级总工会要加强统筹协调，制定配套工作方案，明确职责任务，将“一函两书”落实情况纳入工会工作指标体系，落实人、财、物等工作保障。按照全国总工会工作方案要求，制定本地区推进“一函两书”工作的具体实施办法或工作细则，进一步明确目标任务、工作路径、步骤方法等。

各级工会建立健全工作激励评价机制和年度总结评估、通报制度，定期总结评估本地区“一函两书”工作落实情况，及时推广和发布运用“一函两书”的典型案例。特别优秀的组织和个人，可优先推荐申报工会系统各类评选表彰。全国总工会每年对各地工作开展情况进行综合评估，并予以通报。

20 用人单位违反劳动法律法规的，工会如何处理?

上级工会收到对用人单位违反劳动法律法规行为投诉的，应当及时转交所在用人单位工会受理，所在用人单位工会应当开展调查，于三十个工作日内将结果反馈实名投诉人，并报上级工会。对不属于监督范围或者已经由行政机关、仲裁机构、人民法院受理的投诉事项，所在用人单位工会应当告知实名投诉人。

工会在处理投诉或者日常监督工作中发现用人单位存在违反劳动法律法规、侵害职工合法权益行为的，可以进行现场调查，向有关人员了解情况，查阅、复制有关资料，核查事实。

21 全国总工会要求各级工会抓好落实《全面推行工会劳动法律监督“一函两书”工作方案》的工作要求有哪些?

各级工会落实《全面推行工会劳动法律监督“一函两书”工作方案》的工作要求包括五个方面。

（1）统一思想抓落实。各级工会要将思想统一到习近平总书记关于工人阶级和工会工作的重要论述特别是维护职工合法权益重要指示精神上来，统一到中国工会十八大和全国总工会十八届二次执委会议精神上来，进一步提高对工会劳动法律监督重要性的认识，全面推行“一函两书”，深入推进劳动法律监督，切实维护好职工合法权益。

（2）不折不扣抓落实。全面推行“一函两书”工作，实现三个“全覆盖”的目标已经明确。各级工会要积极争取党委政府重视支持，将“一函两书”落实情况纳入工会工作指标体系，全面加强劳动法律监督组织建设、队伍建设和机制建设，不折不扣落实三个“全覆盖”工作要求，如期实现各项工作目标。

（3）雷厉风行抓落实。《方案》与修改后的《工会劳动法律监督办法》经全国总工会书记处会议审议通过，已印发各地。各级工会要迅速行动起来，对照《方案》和《工会劳动法律监督办法》的规定和要求，明确职责任务，细化工作举措，确保各项任务落实落地。

（4）协同联动抓落实。“一函两书”得到了最高人民法院、最高人民检察院、人力资源社会保障部的大力支持。全国总工会分别与最高人民法院、最高人民检察院联合印发的会议纪要中，对“一函两书”工作提出明确要求。与最高人民检察院联合印发通知，进一步强化了工会劳动法律监督与检察监督的协同协作。与最高人民法院联合印发通知，增强“一函两书”落地效能，推动劳动纠纷诉源治理。人力资源社会保障部门对《工会劳动法律监督办法》的修改也给予了大力支持。各级工会要用好用足政策资源，积极主动对接同级法院、检察院和人力资源社会保障部门，积极推动劳动法律监督协同协作机制不断健全，合力推动劳动法律法规的贯彻执行。

（5）强化保障抓落实。各级工会要落实人、财、物等工作保障。要建立健全工作激励评价机制和年度总结评估、通报制度，以坚强有力的组织领导推动“一函两书”工作各项目标圆满完成。

22 工会与检察机关协同推进运用“一函两书”制度的主要目标是什么？

发挥检察机关法律监督职能优势和工会在发现、排查劳动领域风险隐患中的第一道防线作用，立足预防、立足调解、立足法治、立足基层，落实“枫桥经验”关于预防在前、调解优先、运用法治、就地解决矛盾纠纷等要求，凝聚工作合力，进一步提高检察机关与工会的协作配合质效，健全工作机制，推动劳动法律法规贯彻执行，保障劳动者合法权益，推动构建和谐劳动关系，促进社会和谐稳定。

23 检察机关推动劳动法律监督的履职重点有哪些？

依法维护劳动者合法权益是一项系统工程，需要充分发挥检察机关刑事、民事、行政、公益诉讼“四大检察”职能优势，坚持依法一体履职、综合履职、能动履职，进一步提升监督质效，形成监督合力。

（1）加强刑事检察监督，依法惩治恶意欠薪等侵害劳动者合法权益的违法犯罪。以落实宽严相济、认罪认罚从宽等政策、制度为抓手，通过提前介入、引导取证、依法履行审查逮捕、审查起诉、立案监督等办案职责，依法惩治恶意欠薪行为，追究犯罪主体刑事责任。在依法惩治恶意欠薪犯罪的同时，督促相关职能部门多元化拓展追缴欠薪渠道，确保判决裁定有效执行。同时，检察机关定期参加与工会等行政机关的联席会议，不断强化劳动保障执法与刑事司法衔接工作机制。通过发布典型案例等方式，及时通报检察机关依法惩治拒不支付劳动报酬犯罪案件办理情况，切实提升劳动者维权意识，增加恶意欠薪的违法成本。

（2）围绕农民工讨薪等突出问题，积极开展民事检察支持起诉工作。检察机关以维护人民群众合法权益为出发点和落脚点，深化“检察为民办实事”，综合运用提供法律咨询、加强释法说理、协助收集证据、提出支持起诉意见、协调提供法律援助、出席法庭、陈述支持起诉意见、协调各方实质性化解矛盾纠纷等方式，为农民工起诉维权提供实实在在的帮助。同时，通过发布民事支持起诉指导性案例、典型案例，推动完善劳动者权益保障支持起诉法律制度。

（3）深化行政检察监督，聚焦劳动者权益保障监督办案与争议化解，深入推进行政检察护航民生民利专项活动，加大对涉及劳动争议的行政诉讼、行政非诉执行、行政违法行为等监督力度，监督法院依法纠正错误裁判、依法及时执行，促进争议一揽子化解。以行政诉讼监督为中心，聚焦劳动者“有案诉不成、有理诉不赢”等行政诉讼监督的“死角”，加强对被诉行政行为的合法性审查，通过检察建议督促行政机关纠正违法，对不能提起抗诉等“程序空转”案件，通过行政争议实质性化解，维护劳动者合法权益，化解矛盾纠纷。关注劳动者“不敢诉”或“不懂诉”等原因尚未进入诉讼程序案件的行政违法行为，选择监督的切入点，把握好监督效果。

（4）做实公益诉讼检察，加强对新业态劳动者、特定群体劳动者的权益保障。针对网络平台“996”工作制侵害劳动者权益以及外卖骑手权益保障等突出问题，最高人民检察院直接立案监督，指导各地成立专案分组协同推进，突出监督重点，注重协同共治，推动专案办理取得明显成效。对推进“一函两书”制度中涉及新就业形态劳动者、老年劳动者、女性劳动者等重点群体权益或侵害社会公共利益的行为，检察机关要结合正在开展的“检护民生”专项行动，发挥检察机关公益诉讼制度优势，灵活运用磋商、诉前检察建议、提起行政公益诉讼等方式督促行政机关依法履行保障劳动者权益的职责，助力劳动者解决纠纷问题。同时，对侵害社会公共利益的违法企业提起民事公益诉讼，要求其承担相应民事责任，用依法能动履职回应新时代新需求。

24 工会如何与检察机关通过“一函两书”制度加强配合，协同协作保护劳动者权益？

按照“一函两书”制度要求，当用人单位存在违反劳动法律法规、侵害职工合法权益行为，与用人单位经提示、协商无效的，由该用人单位所在地县级以上总工会向用人单位发出《工会劳动法律监督意见书》，提出改正意见。涉及新就业形态劳动者和女性、未成年、残疾、老年劳动者等重点群体权益，或者涉及社保欠缴、拖欠农民工工资等群体性纠纷且用人单位不予配合的，县级以上总工会可同时将《工会劳动法律监督意见书》抄送同级检察机关，并移送相关线索材料，由检察机关依法启动法律监督程序，各级工会应当积极配合检察机关开展办案工作，通过个案办理推动类案监督促进综合治理，共同维护劳动者合法权益。检察机关在办理涉及劳动者权益保护的案件时，可以将相关法律文书抄送同级地方总工会，协同协作推进案件办理。

25 工会如何加强与检察机关协作，共同推进“一函两书”事前监督和风险提示？

工会劳动法律监督委员会认为用人单位可能违反或者出现违反有关劳动法律法规情况时可以给予口头提示、沟通协商；必要时，发出《工会劳动法律监督提示函》。

检察机关可就发现或掌握的劳动用工违法线索与工会及时会商，推动问题解决。工会在“两节”等重要时间节点，聚焦治理欠薪、违法安排超时加班等重点问题，可面向本地区相关用人单位公开发布《工会劳动法律监督提示函》。

各级检察机关可结合法律监督职能，就办案中发现的重点问题面向本地区发布相应法律风险提示或合规倡议，提醒、警示企业遵守相关劳动法律法规，推动企业依法合规健康发展。

26 工会如何与检察机关协同推进“一函两书”工作，共同促进依法行政？

用人单位无正当理由未在规定期限内答复，或者无正当理由拒不改正的，地方总工会向同级政府执法部门发出《工会劳动法律监督建议书》，可同时抄送同级检察机关，并移送相关线索材料，由检察机关依法开展法律监督，支持工会代表劳动者提出的权益维护诉求。县级以上总工会可商请同级检察机关派员提前介入办理劳动者权益维护相关工作，推动依法解决社保欠缴、农民工工资拖欠等问题，加强对损害国家利益或者社会公共利益、严重损害劳动者合法权益、造成重大社会影响等违法行为的监督。对于某地区一定时期内违法用工案件多发、频发，或者已发生的案件暴露出明显的劳动用工管理监督漏洞，需要督促行业主管部门加强和改进管理监督工作的；或政府执法部门不依法及时履行职责，致使劳动者合法权益受到损害或者存在损害危险，需要及时整改消除等情形，检察机关可以向有关单位和部门提出检察建议。

27 各级工会与检察机关协作推进“一函两书”制度实施的工作要求有哪些?

工会与检察机关协同协作推进“一函两书”工作的要求主要有三个方面。

（1）加强组织领导。各级地方总工会、检察机关要进一步提高认识，深入贯彻落实习近平法治思想，深刻领会党的二十大精神，以全面推行“一函两书”制度为抓手，立足工作实际，加强协作配合，形成上下联动、层层推进的工作格局，切实维护好劳动者合法权益，推动构建和谐劳动关系，服务经济高质量发展。

（2）落实目标责任。各级地方总工会、检察机关应切实加强领导，主动组织实施，积极开展工作。定期进行分析，认真总结经验，及时发现问题，并将有关情况报各自上级主管单位。必要时，各级地方总工会与检察机关可联合组织开展劳动法律监督专项执法检查行动。全国总工会与最高人民检察院每年对“一函两书”实施情况进行总结和通报，联合评选典型案例、优秀文书并宣传推广。各级工会要建立“一函两书”工作台账，工会发出的提示函、意见书、建议书应当一式两份，做好档案管理。

（3）加强沟通协作。各级工会要紧密结合自身职责，主动加强与当地检察机关及政府各相关部门的沟通协作，切实发挥好各方面积极性，形成合力，协调推进。各级地方总工会、检察机关要坚持上下联动，加强上下业务交流，对落实中存在的问题及时研究、协调解决，有计划、有步骤地全面推行“一函两书”制度。按照重心下移、监督力量下沉要求，加强基层检察院和基层工会运用“一函两书”制度规范化建设。有条件的地方工会可先行先试，探索建立“一函两书”数据库，打通数据壁垒，让数据为劳动法律监督工作赋能。

28 工会在开展与法院协同协助机制建设中，各级法院支持工会推进“一函两书”制度实施的举措有哪些？

2024 年 2 月 29 日，在全国工会推行劳动法律监督“一函两书”工作部署会上，最高人民法院相关负责人发表讲话，要求各级法院提高政治站位，积极主动，支持工会全面推进劳动法律监督“一函两书”工作。

（1）提高站位，主动作为。工会与法院要统一认识，以习近平新时代中国特色社会主义思想为指导，提高政治站位，加强组织领导，认真总结联合推行劳动法律监督“一函两书”工作中好经验好做法，积极营造良好社会氛围，确保各项工作稳妥有序开展。

（2）协调联动，形成合力。工会与法院之间要加强沟通协调，不断完善工作联系和信息共享机制，保障劳动者的合法权益。法院立足法院专业优势，应工会要求加强对工会劳动法律监督员的业务指导与培训，协助建立起一支专业化、高水平的队伍，推动劳动法律法规贯彻执行。

（3）因地制宜，深化创新。法院在准确把握推行劳动法律监督“一函两书”工作重要意义的基础上，发挥能动司法职能，大胆探索创新，形成促推劳动争议诉源治理的生动局面，服务经济社会高质量发展。

29 全国总工会与最高人民法院协同推进“一函两书”工作的主要目标和内容是什么？

全国总工会与最高人民法院沟通协作机制的主要目标

是：以习近平新时代中国特色社会主义思想为指导，全面贯彻落实党的二十大精神，牢牢把握新时代“枫桥经验”的科学内涵和实践要求，通过协同推进“一函两书”工作，发挥工会贴近职工、贴近一线，在发现和掌握劳动领域风险隐患中的重要作用，立足人民法院专业优势，发挥能动司法作用，形成工作合力，进一步提高协作质效，健全工作机制，推动劳动法律法规贯彻执行，服务经济社会高质量发展。

全国总工会与最高人民法院沟通协作机制的内容包括以下的方面。

一是建立双向通报和信息共享机制。围绕元旦、春节等重要时间节点，聚焦欠薪、违法安排超时加班等突出问题，县级以上地方总工会与同级人民法院建立重大/敏感信息预警机制。工会发现劳动用工违法线索、重大敏感信息，向用人单位发出《工会劳动法律监督提示函》《工会劳动法律监督意见书》时，可同步将相关信息通报人民法院。人民法院就案件审理中发现的劳动权益保护类型化问题、重大敏感问题，及时向同级工会通报，加强矛盾纠纷预防化解指导；支持工会发布公开提示函，提醒、警示用人单位遵守劳动法律法规，推动劳动领域存在法律风险的普遍性问题实现诉源治理。

二是探索建立司法建议与工会监督衔接机制。人民法院可以根据辖区内类案办理情况，针对劳动用工违法行为等突出问题向有关用人单位发出司法建议书。人民法院可将司法建议书同步抄送用人单位所在地的县级以上地方总工会，县级以上地方总工会可以运用“一函两书”开展监督，并将结果及时反馈人民法院。工会和人民法院要强化工作协同，加强涉及新就业形态劳动者、老年劳动者、女性劳动者、农民工等群体权益的司法保障和劳动法律监督。鼓励和引导当事人通过非诉讼方式解决纠纷，积极预防和妥善化解劳动关系领域重大风险，维护劳动关系和谐与社会稳定。

三是加强业务指导与培训。县级以上地方总工会发出《工会劳动法律监督意见书》后，用人单位仍拒不改正违法用工行为的，工会可以积极协调检察机关支持劳动者提出权益维护诉求，人民法院依法公正高效审理劳动争议案件，不断提升审判质量和效率。县级以上地方总工会可以商请人民法院派员开展业务指导，对工会劳动法律监督员队伍开展业务培训，提升工会依法开展劳动法律监督的能力水平。

30 全国总工会与人力资源社会保障部在推动“一函两书”维护职工权益方面的协作重点是什么？

2024 年 2 月 29 日，在全国工会推行劳动法律监督“一函两书”工作部署会上，人社部相关负责人发表讲话，要求各级人社部门发挥职能优势，充分挖掘合作潜力，推动“一函两书”在维护职工群众权益方面发挥了更大的作用。

（1）提高站位，扛起责任。人社部门要把实现好维护好发展好劳动者合法权益作为重要政治任务，牢记心间、扛在肩上。坚持和发展好新时代“枫桥经验”，进一步支持工会完善提升劳动法律监督效能，发挥工会作为职工利益代表者、维护者的重要作用。

（2）总结经验，探索模式。人社部门要和工会一道，聚集畅通职工诉求表达渠道、引导职工依法维护权益、丰富工会监督实施载体等，立足基层，立足实际，进一步总结推广行之有效的好方式、好做法。

（3）完善机制，高效协同。工会劳动法律监督的有效行使，涉及人力资源社会保障等多部门职能。人社部门将与工会要积极配合，优化顶层设计，强化衔接联动，找准工作的结合点、切入点、着力点，形成高效科学的工作协同机制，让工会劳动法律监督在劳动者权益保障中更有优势、更出成果、更见实效。

（4）聚焦重点，共同维权。人社部将会同全国总工会等部门不断加大职工合法权益维护力度，特别在深化根治欠薪、新就业形态劳动者权益维护等工作上进一步倡导企业和职工双方树立利益共同体、事业共同体、命运共同体意识，找到促进企业发展与保障职工权益的平衡点，努力画出最大“同心圆”。

第二部分

工具模板

工会劳动法律监督提示函（全国样本）

〔　　〕____号

__________________：

现根据《劳动法》《工会法》等法律法规的有关规定，就以下事项提醒。

1. ______________________________

2. ______________________________

3. ______________________________

请你单位于______年__月__日前向我会书面答复自查自纠情况。逾期未答复的，我会将依据有关法律法规规定报上级工会劳动法律监督委员会调查处理。

××工会劳动法律监督委员会

（盖　章）

年　　月　　日

工会劳动法律监督意见书（全国样本）

〔　　〕____号

____________________：

经查，你单位在遵守劳动法律法规方面存在下列问题：

1. ______________________________

2. ______________________________

3. ______________________________

整改建议：

1. ______________________________

2. ______________________________

3. ______________________________

（上述栏目可另附页）

请你单位于____年__月__日前作出处理，并将情况书面告知我会。逾期未改正的，我会将提请有关部门依法查处。

签发人：（工会主席）

____________工会（章）

____年____月____日

工会劳动法律监督建议书（全国样本）

〔　　〕____号

____________________：

经查，____________________在遵守劳动法律法规、保障职工合法权益方面存在下列问题：

1. ____________________________________

2. ____________________________________

整改建议：

1. ____________________________________

2. ____________________________________

（上述栏目可另附页）

我会对该单位违法行为发出《工会劳动法律监督意见书》后，该单位仍不改正。现提请你单位依法对其违反劳动法律法规的行为进行查处，并在结案后 15 个工作日内将办理情况书面告知我会。

附：违法行为证据　卷　册

签发人（工会主席）：　　　　工会（章）：

____年____月　__日

签收人：　　　　____年____月　__日

福建省工会劳动法律监督提示函

（适用于地方总工会劳动法律监督委员会）

__________工劳监函字〔　　〕　　号

____________________：

____________________，现就下列事项提请你单位给予关注：

1. ____________________________________

2. ____________________________________

建议：

1. ____________________________________

2. ____________________________________

（上述栏目可另附页）

维护职工合法权益，构建和谐劳动关系，促进企业健康发展，是我们的共同目标。让我们一起努力！

____________工会劳动法律监督委员会

（工会代章）

年　　月　　日

福建省工会劳动法律监督提示函

（适用于行业、基层工会劳动法律监督委员会）

________工劳监函字〔　　〕　号

__________________：

日前，我会就__________问题与你单位的__________进行了沟通协商，未能达成一致意见。根据《福建省工会劳动法律监督条例》规定，现就以下事项提请你单位给予关注：

1. ________________________________

____

2. ________________________________

____

依照__________（法律法规）规定，建议：

1. ________________________________

____

2. ________________________________

____

（上述栏目可另附页）

维护职工合法权益，构建和谐劳动关系，促进企业健康发展，是我们的共同目标。让我们一起努力！

＿＿＿＿＿＿工会劳动法律监督委员会

（工会代章）

年　　月　　日

福建省工会劳动法律监督意见书

________工劳监意字〔　　〕　　号

__________________：

经核实，你单位在遵守劳动法律法规，保障职工合法权益方面存在下列问题：

1. ________________________________

____

2. ________________________________

____

与________________（法律法规）要求不符，建议：

1. ________________________________

____

2. ________________________________

____

（上述栏目可另附页）

请你单位尽快进行纠正，并自收件之日起十五个工作日内将整改情况书面告知我们。逾期未答复或无正当理由拒不改正的，我们将根据《福建省工会劳动法律监督条例》之规定，提请政府有关部门处理。

维护职工合法权益，构建和谐劳动关系，促进企业健康发展，是我们的共同目标。让我们一起努力！

______________工会（章）

年　　月　　日

福建省工会劳动法律监督建议书

__________工劳监建字〔　　〕　号

____________________：

经查，__________在遵守劳动法律法规方面存在下列问题：

1. ____________________________________

2. ____________________________________

（上述栏目可另附页）

根据《福建省工会劳动法律监督条例》的规定，我们于____年____月____日向该单位发出了《工会劳动法律监督意见书》，至今仍未改正。现提请你们对其依法进行查处，并请将处理情况及时书面反馈我们。

维护职工合法权益，构建和谐劳动关系，促进企业健康发展，是我们的共同目标。让我们一起努力！

____________工会（章）

年　　月　　日

福建工会劳动法律监督案件登记表

________工会劳动法律监督委员会　　　　　　编号：________

<table>
<tr><td rowspan="5">基本情况</td><td>受理时间</td><td>年　月　日</td><td>反映方式</td><td></td></tr>
<tr><td>涉及职工姓名</td><td></td><td>联系方式</td><td></td></tr>
<tr><td>涉及职工人数</td><td></td><td>涉及金额（元）</td><td></td></tr>
<tr><td>涉及单位</td><td></td><td>地址</td><td></td></tr>
<tr><td>主要负责人姓名</td><td></td><td>联系方式</td><td></td></tr>
<tr><td>主要诉求</td><td colspan="4"></td></tr>
<tr><td>处理过程摘要（可附后）</td><td colspan="4">年　月　日</td></tr>
<tr><td>证据材料</td><td colspan="4"></td></tr>
</table>

续表

<table>
<tr><td rowspan="3">处理结果</td><td colspan="5">年　　月　　日</td></tr>
<tr><td colspan="5">监督过程中是否发放“一函两书”（在相应位置打√）</td></tr>
<tr><td>提示函（ ）</td><td colspan="3">意见书（ ）</td><td>建议书（ ）</td></tr>
<tr><td rowspan="2">监督员</td><td colspan="2"></td><td rowspan="2">联系方式</td><td colspan="2"></td></tr>
<tr><td colspan="2"></td><td colspan="2"></td></tr>
<tr><td>备注</td><td colspan="5"></td></tr>
</table>

“一函两书”工作流程图

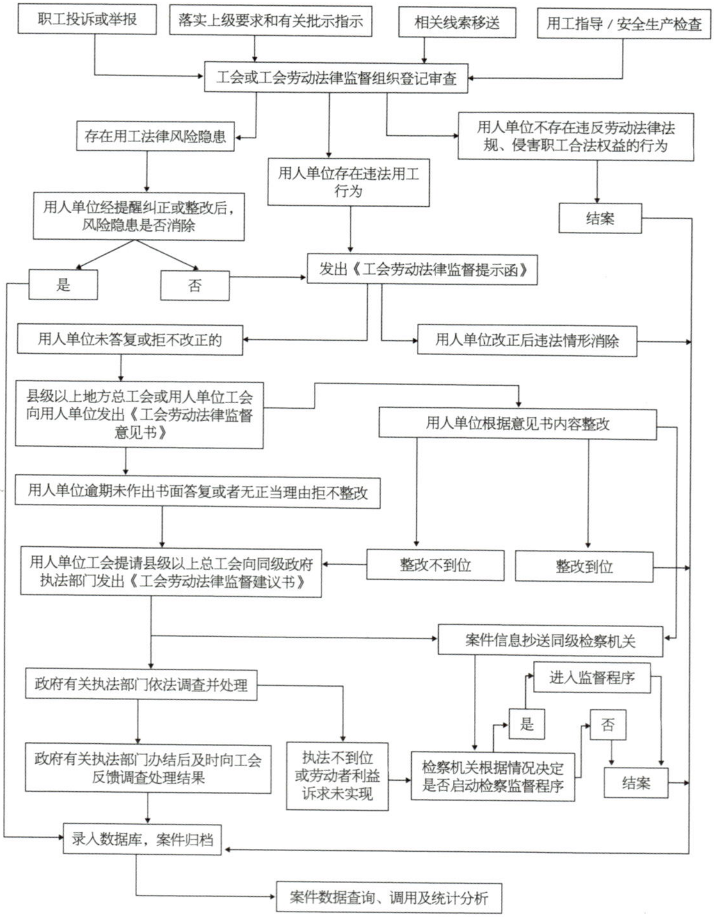
职工投诉或举报
落实上级要求和有关批示指示
相关线索移送
用工指导 / 安全生产检查
工会或工会劳动法律监督组织登记审查
存在用工法律风险隐患
用人单位存在违法用工行为
用人单位不存在违反劳动法律法规、侵害职工合法权益的行为
用人单位经提醒纠正或整改后，风险隐患是否消除
结案
是
否
发出《工会劳动法律监督提示函》
用人单位未答复或拒不改正的
用人单位改正后违法情形消除
县级以上地方总工会或用人单位工会向用人单位发出《工会劳动法律监督意见书》
用人单位根据意见书内容整改
用人单位逾期未作出书面答复或者无正当理由拒不整改
用人单位工会提请县级以上总工会向同级政府执法部门发出《工会劳动法律监督建议书》
整改不到位
整改到位
案件信息抄送同级检察机关
进入监督程序
政府有关执法部门依法调查并处理
是
否
政府有关执法部门办结后及时向工会反馈调查处理结果
执法不到位或劳动者利益诉求未实现
检察机关根据情况决定是否启动检察监督程序
结案
录入数据库，案件归档
案件数据查询、调用及统计分析

第三部分

法律政策

中华人民共和国工会法

（1992年4月3日第七届全国人民代表大会第五次会议通过　根据2001年10月27日第九届全国人民代表大会常务委员会第二十四次会议《关于修改〈中华人民共和国工会法〉的决定》第一次修正　根据2009年8月27日第十一届全国人民代表大会常务委员会第十次会议《关于修改部分法律的决定》第二次修正　根据2021年12月24日第十三届全国人民代表大会常务委员会第三十二次会议《关于修改〈中华人民共和国工会法〉的决定》第三次修正）

目　录

第一章　总　　则
第二章　工会组织
第三章　工会的权利和义务
第四章　基层工会组织
第五章　工会的经费和财产
第六章　法律责任
第七章　附　　则

第一章　总　　则

第一条　为保障工会在国家政治、经济和社会生活中的地位，确定工会的权利与义务，发挥工会在社会主义现代化建设事业中的作用，根据宪法，制定本法。

第二条　工会是中国共产党领导的职工自愿结合的工人阶级群众组织，是中国共产党联系职工群众的桥梁和纽带。

中华全国总工会及其各工会组织代表职工的利益，依法维护职工的合法权益。

第三条　在中国境内的企业、事业单位、机关、社会组织（以下统称用人单位）中以工资收入为主要生活来源的劳动者，不分民族、种族、性别、职业、宗教信仰、教育程度，都有依法参加和组织工会的权利。任何组织和个人不得阻挠和限制。

工会适应企业组织形式、职工队伍结构、劳动关系、就业形态等方面的发展变化，依法维护劳动者参加和组织工会的权利。

第四条　工会必须遵守和维护宪法，以宪法为根本的活动准则，以经济建设为中心，坚持社会主义道路，坚持人民民主专政，坚持中国共产党的领导，坚持马克思列宁主义、毛泽东思想、邓小平理论、“三个代表”重要思想、科学发展观、习近平新时代中国特色社会主义思想，坚持改革开放，保持和增强政治性、先进性、群众性，依照工会章程独立自主地开展工作。

工会会员全国代表大会制定或者修改《中国工会章程》，章程不得与宪法和法律相抵触。

国家保护工会的合法权益不受侵犯。

第五条　工会组织和教育职工依照宪法和法律的规定行使民主权利，发挥国家主人翁的作用，通过各种途径和形式，参与管理国家事务、管理经济和文化事业、管理社会事务；协助人民政府开展工作，维护工人阶级领导的、以工农联盟为基础的人民民主专政的社会主义国家政权。

第六条　维护职工合法权益、竭诚服务职工群众是工会的基本职责。工会在维护全国人民总体利益的同时，代表和维护职工的合法权益。

工会通过平等协商和集体合同制度等，推动健全劳动关系协调机制，维护职工劳动权益，构建和谐劳动关系。

工会依照法律规定通过职工代表大会或者其他形式，组织职工参与本单位的民主选举、民主协商、民主决策、民主管理和民主监督。

工会建立联系广泛、服务职工的工会工作体系，密切联系职工，听取和反映职工的意见和要求，关心职工的生活，帮助职工解决困难，全心全意为职工服务。

第七条 工会动员和组织职工积极参加经济建设，努力完成生产任务和工作任务。教育职工不断提高思想道德、技术业务和科学文化素质，建设有理想、有道德、有文化、有纪律的职工队伍。

第八条 工会推动产业工人队伍建设改革，提高产业工人队伍整体素质，发挥产业工人骨干作用，维护产业工人合法权益，保障产业工人主人翁地位，造就一支有理想守信念、懂技术会创新、敢担当讲奉献的宏大产业工人队伍。

第九条 中华全国总工会根据独立、平等、互相尊重、互不干涉内部事务的原则，加强同各国工会组织的友好合作关系。

第二章　工 会 组 织

第十条 工会各级组织按照民主集中制原则建立。

各级工会委员会由会员大会或者会员代表大会民主选举产生。企业主要负责人的近亲属不得作为本企业基层工会委员会成员的人选。

各级工会委员会向同级会员大会或者会员代表大会负责并报告工作，接受其监督。

工会会员大会或者会员代表大会有权撤换或者罢免其所选举的代表或者工会委员会组成人员。

上级工会组织领导下级工会组织。

第十一条　用人单位有会员二十五人以上的，应当建立基层工会委员会；不足二十五人的，可以单独建立基层工会委员会，也可以由两个以上单位的会员联合建立基层工会委员会，也可以选举组织员一人，组织会员开展活动。女职工人数较多的，可以建立工会女职工委员会，在同级工会领导下开展工作；女职工人数较少的，可以在工会委员会中设女职工委员。

企业职工较多的乡镇、城市街道，可以建立基层工会的联合会。

县级以上地方建立地方各级总工会。

同一行业或者性质相近的几个行业，可以根据需要建立全国的或者地方的产业工会。

全国建立统一的中华全国总工会。

第十二条　基层工会、地方各级总工会、全国或者地方产业工会组织的建立，必须报上一级工会批准。

上级工会可以派员帮助和指导企业职工组建工会，任何单位和个人不得阻挠。

第十三条　任何组织和个人不得随意撤销、合并工会组织。

基层工会所在的用人单位终止或者被撤销，该工会组织相应撤销，并报告上一级工会。

依前款规定被撤销的工会，其会员的会籍可以继续保留，具体管理办法由中华全国总工会制定。

第十四条 职工二百人以上的企业、事业单位、社会组织的工会，可以设专职工会主席。工会专职工作人员的人数由工会与企业、事业单位、社会组织协商确定。

第十五条 中华全国总工会、地方总工会、产业工会具有社会团体法人资格。

基层工会组织具备民法典规定的法人条件的，依法取得社会团体法人资格。

第十六条 基层工会委员会每届任期三年或者五年。各级地方总工会委员会和产业工会委员会每届任期五年。

第十七条 基层工会委员会定期召开会员大会或者会员代表大会，讨论决定工会工作的重大问题。经基层工会委员会或者三分之一以上的工会会员提议，可以临时召开会员大会或者会员代表大会。

第十八条 工会主席、副主席任期未满时，不得随意调动其工作。因工作需要调动时，应当征得本级工会委员会和上一级工会的同意。

罢免工会主席、副主席必须召开会员大会或者会员代表大会讨论，非经会员大会全体会员或者会员代表大会全体代表过半数通过，不得罢免。

第十九条 基层工会专职主席、副主席或者委员自任职之日起，其劳动合同期限自动延长，延长期限相当于其任职期间；非专职主席、副主席或者委员自任职之日起，其尚未履行的劳动合同期限短于任期的，劳动合同期限自动延长至任期期满。但是，任职期间个人严重过失或者达到法定退休年龄的除外。

第三章　工会的权利和义务

第二十条　企业、事业单位、社会组织违反职工代表大会制度和其他民主管理制度，工会有权要求纠正，保障职工依法行使民主管理的权利。

法律、法规规定应当提交职工大会或者职工代表大会审议、通过、决定的事项，企业、事业单位、社会组织应当依法办理。

第二十一条　工会帮助、指导职工与企业、实行企业化管理的事业单位、社会组织签订劳动合同。

工会代表职工与企业、实行企业化管理的事业单位、社会组织进行平等协商，依法签订集体合同。集体合同草案应当提交职工代表大会或者全体职工讨论通过。

工会签订集体合同，上级工会应当给予支持和帮助。

企业、事业单位、社会组织违反集体合同，侵犯职工劳动权益的，工会可以依法要求企业、事业单位、社会组织予以改正并承担责任；因履行集体合同发生争议，经协商解决不成的，工会可以向劳动争议仲裁机构提请仲裁，仲裁机构不予受理或者对仲裁裁决不服的，可以向人民法院提起诉讼。

第二十二条　企业、事业单位、社会组织处分职工，工会认为不适当的，有权提出意见。

用人单位单方面解除职工劳动合同时，应当事先将理由通知工会，工会认为用人单位违反法律、法规和有关合同，要求重新研究处理时，用人单位应当研究工会的意见，并将处理结果书面通知工会。

职工认为用人单位侵犯其劳动权益而申请劳动争议仲裁或者向人民法院提起诉讼的，工会应当给予支持和帮助。

第二十三条　企业、事业单位、社会组织违反劳动法律法规规定，有下列侵犯职工劳动权益情形，工会应当代表职工与企业、事业单位、社会组织交涉，要求企业、事业单位、社会组织采取措施予以改正；企业、事业单位、社会组织应当予以研究处理，并向工会作出答复；企业、事业单位、社会组织拒不改正的，工会可以提请当地人民政府依法作出处理：

（一）克扣、拖欠职工工资的；

（二）不提供劳动安全卫生条件的；

（三）随意延长劳动时间的；

（四）侵犯女职工和未成年工特殊权益的；

（五）其他严重侵犯职工劳动权益的。

第二十四条　工会依照国家规定对新建、扩建企业和技术改造工程中的劳动条件和安全卫生设施与主体工程同时设计、同时施工、同时投产使用进行监督。对工会提出的意见，企业或者主管部门应当认真处理，并将处理结果书面通知工会。

第二十五条　工会发现企业违章指挥、强令工人冒险作业，或者生产过程中发现明显重大事故隐患和职业危害，有权提出解决的建议，企业应当及时研究答复；发现危及职工生命安全的情况时，工会有权向企业建议组织职工撤离危险现场，企业必须及时作出处理决定。

第二十六条　工会有权对企业、事业单位、社会组织侵犯职工合法权益的问题进行调查，有关单位应当予以协助。

第二十七条　职工因工伤亡事故和其他严重危害职工健康问题的调查处理，必须有工会参加。工会应当向有关部门提出处理意见，并有权要求追究直接负责的主管人员和有关责任人员的责任。对工会提出的意见，应当及时研究，给予答复。

第二十八条　企业、事业单位、社会组织发生停工、怠工事件，工会应当代表职工同企业、事业单位、社会组织或者有关方面协商，反映职工的意见和要求并提出解决意见。对于职工的合理要求，企业、事业单位、社会组织应当予以解决。工会协助企业、事业单位、社会组织做好工作，尽快恢复生产、工作秩序。

第二十九条 工会参加企业的劳动争议调解工作。

地方劳动争议仲裁组织应当有同级工会代表参加。

第三十条 县级以上各级总工会依法为所属工会和职工提供法律援助等法律服务。

第三十一条 工会协助用人单位办好职工集体福利事业，做好工资、劳动安全卫生和社会保险工作。

第三十二条 工会会同用人单位加强对职工的思想政治引领，教育职工以国家主人翁态度对待劳动，爱护国家和单位的财产；组织职工开展群众性的合理化建议、技术革新、劳动和技能竞赛活动，进行业余文化技术学习和职工培训，参加职业教育和文化体育活动，推进职业安全健康教育和劳动保护工作。

第三十三条 根据政府委托，工会与有关部门共同做好劳动模范和先进生产（工作）者的评选、表彰、培养和管理工作。

第三十四条 国家机关在组织起草或者修改直接涉及职工切身利益的法律、法规、规章时，应当听取工会意见。

县级以上各级人民政府制定国民经济和社会发展计

划，对涉及职工利益的重大问题，应当听取同级工会的意见。

县级以上各级人民政府及其有关部门研究制定劳动就业、工资、劳动安全卫生、社会保险等涉及职工切身利益的政策、措施时，应当吸收同级工会参加研究，听取工会意见。

第三十五条　县级以上地方各级人民政府可以召开会议或者采取适当方式，向同级工会通报政府的重要的工作部署和与工会工作有关的行政措施，研究解决工会反映的职工群众的意见和要求。

各级人民政府劳动行政部门应当会同同级工会和企业方面代表，建立劳动关系三方协商机制，共同研究解决劳动关系方面的重大问题。

第四章　基层工会组织

第三十六条　国有企业职工代表大会是企业实行民主管理的基本形式，是职工行使民主管理权力的机构，依照法律规定行使职权。

国有企业的工会委员会是职工代表大会的工作机构，负责职工代表大会的日常工作，检查、督促职工代表大会决议的执行。

第三十七条　集体企业的工会委员会，应当支持和组织职工参加民主管理和民主监督，维护职工选举和罢免管理人员、决定经营管理的重大问题的权力。

第三十八条 本法第三十六条、第三十七条规定以外的其他企业、事业单位的工会委员会，依照法律规定组织职工采取与企业、事业单位相适应的形式，参与企业、事业单位民主管理。

第三十九条 企业、事业单位、社会组织研究经营管理和发展的重大问题应当听取工会的意见；召开会议讨论有关工资、福利、劳动安全卫生、工作时间、休息休假、女职工保护和社会保险等涉及职工切身利益的问题，必须有工会代表参加。

企业、事业单位、社会组织应当支持工会依法开展工作，工会应当支持企业、事业单位、社会组织依法行使经营管理权。

第四十条 公司的董事会、监事会中职工代表的产生，依照公司法有关规定执行。

第四十一条 基层工会委员会召开会议或者组织职工活动，应当在生产或者工作时间以外进行，需要占用生产或者工作时间的，应当事先征得企业、事业单位、社会组织的同意。

基层工会的非专职委员占用生产或者工作时间参加会议或者从事工会工作，每月不超过三个工作日，其工资照发，其他待遇不受影响。

第四十二条　用人单位工会委员会的专职工作人员的工资、奖励、补贴，由所在单位支付。社会保险和其他福利待遇等，享受本单位职工同等待遇。

第五章　工会的经费和财产

第四十三条　工会经费的来源：

（一）工会会员缴纳的会费；

（二）建立工会组织的用人单位按每月全部职工工资总额的百分之二向工会拨缴的经费；

（三）工会所属的企业、事业单位上缴的收入；

（四）人民政府的补助；

（五）其他收入。

前款第二项规定的企业、事业单位、社会组织拨缴的经费在税前列支。

工会经费主要用于为职工服务和工会活动。经费使用的具体办法由中华全国总工会制定。

第四十四条　企业、事业单位、社会组织无正当理由拖延或者拒不拨缴工会经费，基层工会或者上级工会可以向当地人民法院申请支付令；拒不执行支付令的，工会可以依法申请人民法院强制执行。

第四十五条　工会应当根据经费独立原则，建立预算、决算和经费审查监督制度。

各级工会建立经费审查委员会。

各级工会经费收支情况应当由同级工会经费审查委员会审查，并且定期向会员大会或者会员代表大会报告，接受监督。工会会员大会或者会员代表大会有权对经费使用情况提出意见。

工会经费的使用应当依法接受国家的监督。

第四十六条　各级人民政府和用人单位应当为工会办公和开展活动，提供必要的设施和活动场所等物质条件。

第四十七条　工会的财产、经费和国家拨给工会使用的不动产，任何组织和个人不得侵占、挪用和任意调拨。

第四十八条　工会所属的为职工服务的企业、事业单位，其隶属关系不得随意改变。

第四十九条　县级以上各级工会的离休、退休人员的待遇，与国家机关工作人员同等对待。

第六章　法律责任

第五十条　工会对违反本法规定侵犯其合法权益的，有权提请人民政府或者有关部门予以处理，或者向人民法院提起诉讼。

第五十一条　违反本法第三条、第十二条规定，阻挠职工依法参加和组织工会或者阻挠上级工会帮助、指导职工筹建工会的，由劳动行政部门责令其改正；拒不改正的，由劳动行政部门提请县级以上人民政府处理；以暴力、威胁等手段阻挠造成严重后果，构成犯罪的，依法追究刑事责任。

第五十二条　违反本法规定，对依法履行职责的工会工作人员无正当理由调动工作岗位，进行打击报复的，由劳动行政部门责令改正、恢复原工作；造成损失的，给予赔偿。

对依法履行职责的工会工作人员进行侮辱、诽谤或者进行人身伤害，构成犯罪的，依法追究刑事责任；尚未构成犯罪的，由公安机关依照治安管理处罚法的规定处罚。

第五十三条　违反本法规定，有下列情形之一的，由劳动行政部门责令恢复其工作，并补发被解除劳动合同期间应得的报酬，或者责令给予本人年收入二倍的赔偿：

（一）职工因参加工会活动而被解除劳动合同的；

（二）工会工作人员因履行本法规定的职责而被解除劳动合同的。

第五十四条　违反本法规定，有下列情形之一的，由县级以上人民政府责令改正，依法处理：

（一）妨碍工会组织职工通过职工代表大会和其他形式依法行使民主权利的；

（二）非法撤销、合并工会组织的；

（三）妨碍工会参加职工因工伤亡事故以及其他侵犯职工合法权益问题的调查处理的；

（四）无正当理由拒绝进行平等协商的。

第五十五条 违反本法第四十七条规定，侵占工会经费和财产拒不返还的，工会可以向人民法院提起诉讼，要求返还，并赔偿损失。

第五十六条 工会工作人员违反本法规定，损害职工或者工会权益的，由同级工会或者上级工会责令改正，或者予以处分；情节严重的，依照《中国工会章程》予以罢免；造成损失的，应当承担赔偿责任；构成犯罪的，依法追究刑事责任。

第七章 附 则

第五十七条 中华全国总工会会同有关国家机关制定机关工会实施本法的具体办法。

第五十八条 本法自公布之日起施行。1950 年 6 月 29 日中央人民政府颁布的《中华人民共和国工会法》同时废止。

中华人民共和国劳动法

（1994 年 7 月 5 日第八届全国人民代表大会常务委员会第八次会议通过　根据 2009 年 8 月 27 日第十一届全国人民代表大会常务委员会第十次会议《关于修改部分法律的决定》第一次修正　根据 2018 年 12 月 29 日第十三届全国人民代表大会常务委员会第七次会议《关于修改〈中华人民共和国劳动法〉等七部法律的决定》第二次修正）

第一章　总　　则

第一条　为了保护劳动者的合法权益，调整劳动关系，建立和维护适应社会主义市场经济的劳动制度，促进经济发展和社会进步，根据宪法，制定本法。

第二条　在中华人民共和国境内的企业、个体经济组织（以下统称用人单位）和与之形成劳动关系的劳动者，适用本法。

国家机关、事业组织、社会团体和与之建立劳动合同关系的劳动者，依照本法执行。

第三条　劳动者享有平等就业和选择职业的权利、取得劳动报酬的权利、休息休假的权利、获得劳动安全卫生保护的权利、接受职业技能培训的权利、享受社会保险和福利的权利、提请劳动争议处理的权利以及法律规定的其他劳动权利。

劳动者应当完成劳动任务，提高职业技能，执行劳动安全卫生规程，遵守劳动纪律和职业道德。

第四条 用人单位应当依法建立和完善规章制度，保障劳动者享有劳动权利和履行劳动义务。

第五条 国家采取各种措施，促进劳动就业，发展职业教育，制定劳动标准，调节社会收入，完善社会保险，协调劳动关系，逐步提高劳动者的生活水平。

第六条 国家提倡劳动者参加社会义务劳动，开展劳动竞赛和合理化建议活动，鼓励和保护劳动者进行科学研究、技术革新和发明创造，表彰和奖励劳动模范和先进工作者。

第七条 劳动者有权依法参加和组织工会。

工会代表和维护劳动者的合法权益，依法独立自主地开展活动。

第八条 劳动者依照法律规定，通过职工大会、职工代表大会或者其他形式，参与民主管理或者就保护劳动者合法权益与用人单位进行平等协商。

第九条 国务院劳动行政部门主管全国劳动工作。

县级以上地方人民政府劳动行政部门主管本行政区域内的劳动工作。

第二章　促进就业

第十条　国家通过促进经济和社会发展，创造就业条件，扩大就业机会。

国家鼓励企业、事业组织、社会团体在法律、行政法规规定的范围内兴办产业或者拓展经营，增加就业。

国家支持劳动者自愿组织起来就业和从事个体经营实现就业。

第十一条　地方各级人民政府应当采取措施，发展多种类型的职业介绍机构，提供就业服务。

第十二条　劳动者就业，不因民族、种族、性别、宗教信仰不同而受歧视。

第十三条　妇女享有与男子平等的就业权利。在录用职工时，除国家规定的不适合妇女的工种或者岗位外，不得以性别为由拒绝录用妇女或者提高对妇女的录用标准。

第十四条　残疾人、少数民族人员、退出现役的军人的就业，法律、法规有特别规定的，从其规定。

第十五条　禁止用人单位招用未满十六周岁的未成年人。

文艺、体育和特种工艺单位招用未满十六周岁的未成年人，必须遵守国家有关规定，并保障其接受义务教育的权利。

第三章　劳动合同和集体合同

第十六条　劳动合同是劳动者与用人单位确立劳动关系、明确双方权利和义务的协议。

建立劳动关系应当订立劳动合同。

第十七条　订立和变更劳动合同，应当遵循平等自愿、协商一致的原则，不得违反法律、行政法规的规定。

劳动合同依法订立即具有法律约束力，当事人必须履行劳动合同规定的义务。

第十八条　下列劳动合同无效：

（一）违反法律、行政法规的劳动合同；

（二）采取欺诈、威胁等手段订立的劳动合同。

无效的劳动合同，从订立的时候起，就没有法律约束力。确认劳动合同部分无效的，如果不影响其余部分的效力，其余部分仍然有效。

劳动合同的无效，由劳动争议仲裁委员会或者人民法院确认。

第十九条　劳动合同应当以书面形式订立，并具备以下条款：

（一）劳动合同期限；

（二）工作内容；

（三）劳动保护和劳动条件；

（四）劳动报酬；

（五）劳动纪律；

（六）劳动合同终止的条件；

（七）违反劳动合同的责任。

劳动合同除前款规定的必备条款外，当事人可以协商约定其他内容。

第二十条　劳动合同的期限分为有固定期限、无固定期限和以完成一定的工作为期限。

劳动者在同一用人单位连续工作满十年以上，当事人双方同意续延劳动合同的，如果劳动者提出订立无固定期限的劳动合同，应当订立无固定期限的劳动合同。

第二十一条　劳动合同可以约定试用期。试用期最长不得超过六个月。

第二十二条　劳动合同当事人可以在劳动合同中约定保守用人单位商业秘密的有关事项。

第二十三条　劳动合同期满或者当事人约定的劳动合同终止条件出现，劳动合同即行终止。

第二十四条　经劳动合同当事人协商一致，劳动合同可以解除。

第二十五条　劳动者有下列情形之一的，用人单位可以解除劳动合同：

（一）在试用期间被证明不符合录用条件的；

（二）严重违反劳动纪律或者用人单位规章制度的；

（三）严重失职，营私舞弊，对用人单位利益造成重大损害的；

（四）被依法追究刑事责任的。

第二十六条　有下列情形之一的，用人单位可以解除劳动合同，但是应当提前三十日以书面形式通知劳动者本人：

（一）劳动者患病或者非因工负伤，医疗期满后，不能从事原工作也不能从事由用人单位另行安排的工作的；

（二）劳动者不能胜任工作，经过培训或者调整工作岗位，仍不能胜任工作的；

（三）劳动合同订立时所依据的客观情况发生重大变化，致使原劳动合同无法履行，经当事人协商不能就变更劳动合同达成协议的。

第二十七条　用人单位濒临破产进行法定整顿期间或者生产经营状况发生严重困难，确需裁减人员的，应当提前三十日向工会或者全体职工说明情况，听取工会或者职工的意见，经向劳动行政部门报告后，可以裁减人员。

用人单位依据本条规定裁减人员，在六个月内录用人员的，应当优先录用被裁减的人员。

第二十八条 用人单位依据本法第二十四条、第二十六条、第二十七条的规定解除劳动合同的，应当依照国家有关规定给予经济补偿。

第二十九条 劳动者有下列情形之一的，用人单位不得依据本法第二十六条、第二十七条的规定解除劳动合同：

（一）患职业病或者因工负伤并被确认丧失或者部分丧失劳动能力的；

（二）患病或者负伤，在规定的医疗期内的；

（三）女职工在孕期、产期、哺乳期内的；

（四）法律、行政法规规定的其他情形。

第三十条 用人单位解除劳动合同，工会认为不适当的，有权提出意见。如果用人单位违反法律、法规或者劳动合同，工会有权要求重新处理；劳动者申请仲裁或者提起诉讼的，工会应当依法给予支持和帮助。

第三十一条 劳动者解除劳动合同，应当提前三十日以书面形式通知用人单位。

第三十二条 有下列情形之一的，劳动者可以随时通知用人单位解除劳动合同：

（一）在试用期内的；

（二）用人单位以暴力、威胁或者非法限制人身自由的手段强迫劳动的；

（三）用人单位未按照劳动合同约定支付劳动报酬或

者提供劳动条件的。

第三十三条 企业职工一方与企业可以就劳动报酬、工作时间、休息休假、劳动安全卫生、保险福利等事项，签订集体合同。集体合同草案应当提交职工代表大会或者全体职工讨论通过。

集体合同由工会代表职工与企业签订；没有建立工会的企业，由职工推举的代表与企业签订。

第三十四条 集体合同签订后应当报送劳动行政部门；劳动行政部门自收到集体合同文本之日起十五日内未提出异议的，集体合同即行生效。

第三十五条 依法签订的集体合同对企业和企业全体职工具有约束力。职工个人与企业订立的劳动合同中劳动条件和劳动报酬等标准不得低于集体合同的规定。

第四章 工作时间和休息休假

第三十六条 国家实行劳动者每日工作时间不超过八小时、平均每周工作时间不超过四十四小时的工时制度。

第三十七条 对实行计件工作的劳动者，用人单位应当根据本法第三十六条规定的工时制度合理确定其劳动定额和计件报酬标准。

第三十八条 用人单位应当保证劳动者每周至少休息一日。

第三十九条　企业因生产特点不能实行本法第三十六条、第三十八条规定的，经劳动行政部门批准，可以实行其他工作和休息办法。

第四十条　用人单位在下列节日期间应当依法安排劳动者休假：

（一）元旦；

（二）春节；

（三）国际劳动节；

（四）国庆节；

（五）法律、法规规定的其他休假节日。

第四十一条　用人单位由于生产经营需要，经与工会和劳动者协商后可以延长工作时间，一般每日不得超过一小时；因特殊原因需要延长工作时间的，在保障劳动者身体健康的条件下延长工作时间每日不得超过三小时，但是每月不得超过三十六小时。

第四十二条　有下列情形之一的，延长工作时间不受本法第四十一条规定的限制：

（一）发生自然灾害、事故或者因其他原因，威胁劳动者生命健康和财产安全，需要紧急处理的；

（二）生产设备、交通运输线路、公共设施发生故障，影响生产和公众利益，必须及时抢修的；

（三）法律、行政法规规定的其他情形。

第四十三条 用人单位不得违反本法规定延长劳动者的工作时间。

第四十四条 有下列情形之一的，用人单位应当按照下列标准支付高于劳动者正常工作时间工资的工资报酬：

（一）安排劳动者延长工作时间的，支付不低于工资的百分之一百五十的工资报酬；

（二）休息日安排劳动者工作又不能安排补休的，支付不低于工资的百分之二百的工资报酬；

（三）法定休假日安排劳动者工作的，支付不低于工资的百分之三百的工资报酬。

第四十五条 国家实行带薪年休假制度。

劳动者连续工作一年以上的，享受带薪年休假。具体办法由国务院规定。

第五章　工　　资

第四十六条 工资分配应当遵循按劳分配原则，实行同工同酬。

工资水平在经济发展的基础上逐步提高。国家对工资总量实行宏观调控。

第四十七条 用人单位根据本单位的生产经营特点和经济效益，依法自主确定本单位的工资分配方式和工资水平。

第四十八条　国家实行最低工资保障制度。最低工资的具体标准由省、自治区、直辖市人民政府规定，报国务院备案。

用人单位支付劳动者的工资不得低于当地最低工资标准。

第四十九条　确定和调整最低工资标准应当综合参考下列因素：

（一）劳动者本人及平均赡养人口的最低生活费用；

（二）社会平均工资水平；

（三）劳动生产率；

（四）就业状况；

（五）地区之间经济发展水平的差异。

第五十条　工资应当以货币形式按月支付给劳动者本人。不得克扣或者无故拖欠劳动者的工资。

第五十一条　劳动者在法定休假日和婚丧假期间以及依法参加社会活动期间，用人单位应当依法支付工资。

第六章　劳动安全卫生

第五十二条　用人单位必须建立、健全劳动安全卫生制度，严格执行国家劳动安全卫生规程和标准，对劳动者进行劳动安全卫生教育，防止劳动过程中的事故，减少职业危害。

第五十三条 劳动安全卫生设施必须符合国家规定的标准。

新建、改建、扩建工程的劳动安全卫生设施必须与主体工程同时设计、同时施工、同时投入生产和使用。

第五十四条 用人单位必须为劳动者提供符合国家规定的劳动安全卫生条件和必要的劳动防护用品，对从事有职业危害作业的劳动者应当定期进行健康检查。

第五十五条 从事特种作业的劳动者必须经过专门培训并取得特种作业资格。

第五十六条 劳动者在劳动过程中必须严格遵守安全操作规程。

劳动者对用人单位管理人员违章指挥、强令冒险作业，有权拒绝执行；对危害生命安全和身体健康的行为，有权提出批评、检举和控告。

第五十七条 国家建立伤亡事故和职业病统计报告和处理制度。县级以上各级人民政府劳动行政部门、有关部门和用人单位应当依法对劳动者在劳动过程中发生的伤亡事故和劳动者的职业病状况，进行统计、报告和处理。

第七章 女职工和未成年工特殊保护

第五十八条 国家对女职工和未成年工实行特殊劳动保护。

未成年工是指年满十六周岁未满十八周岁的劳动者。

第五十九条　禁止安排女职工从事矿山井下、国家规定的第四级体力劳动强度的劳动和其他禁忌从事的劳动。

第六十条　不得安排女职工在经期从事高处、低温、冷水作业和国家规定的第三级体力劳动强度的劳动。

第六十一条　不得安排女职工在怀孕期间从事国家规定的第三级体力劳动强度的劳动和孕期禁忌从事的劳动。对怀孕七个月以上的女职工，不得安排其延长工作时间和夜班劳动。

第六十二条　女职工生育享受不少于九十天的产假。

第六十三条　不得安排女职工在哺乳未满一周岁的婴儿期间从事国家规定的第三级体力劳动强度的劳动和哺乳期禁忌从事的其他劳动，不得安排其延长工作时间和夜班劳动。

第六十四条　不得安排未成年工从事矿山井下、有毒有害、国家规定的第四级体力劳动强度的劳动和其他禁忌从事的劳动。

第六十五条　用人单位应当对未成年工定期进行健康检查。

第八章　职 业 培 训

第六十六条　国家通过各种途径，采取各种措施，发展职业培训事业，开发劳动者的职业技能，提高劳动者素质，增强劳动者的就业能力和工作能力。

第六十七条 各级人民政府应当把发展职业培训纳入社会经济发展的规划，鼓励和支持有条件的企业、事业组织、社会团体和个人进行各种形式的职业培训。

第六十八条 用人单位应当建立职业培训制度，按照国家规定提取和使用职业培训经费，根据本单位实际，有计划地对劳动者进行职业培训。

从事技术工种的劳动者，上岗前必须经过培训。

第六十九条 国家确定职业分类，对规定的职业制定职业技能标准，实行职业资格证书制度，由经备案的考核鉴定机构负责对劳动者实施职业技能考核鉴定。

第九章 社会保险和福利

第七十条 国家发展社会保险事业，建立社会保险制度，设立社会保险基金，使劳动者在年老、患病、工伤、失业、生育等情况下获得帮助和补偿。

第七十一条 社会保险水平应当与社会经济发展水平和社会承受能力相适应。

第七十二条 社会保险基金按照保险类型确定资金来源，逐步实行社会统筹。用人单位和劳动者必须依法参加社会保险，缴纳社会保险费。

第七十三条　劳动者在下列情形下，依法享受社会保险待遇：

（一）退休；

（二）患病、负伤；

（三）因工伤残或者患职业病；

（四）失业；

（五）生育。

劳动者死亡后，其遗属依法享受遗属津贴。

劳动者享受社会保险待遇的条件和标准由法律、法规规定。

劳动者享受的社会保险金必须按时足额支付。

第七十四条　社会保险基金经办机构依照法律规定收支、管理和运营社会保险基金，并负有使社会保险基金保值增值的责任。

社会保险基金监督机构依照法律规定，对社会保险基金的收支、管理和运营实施监督。

社会保险基金经办机构和社会保险基金监督机构的设立和职能由法律规定。

任何组织和个人不得挪用社会保险基金。

第七十五条　国家鼓励用人单位根据本单位实际情况为劳动者建立补充保险。

国家提倡劳动者个人进行储蓄性保险。

第七十六条 国家发展社会福利事业，兴建公共福利设施，为劳动者休息、休养和疗养提供条件。

用人单位应当创造条件，改善集体福利，提高劳动者的福利待遇。

第十章 劳动争议

第七十七条 用人单位与劳动者发生劳动争议，当事人可以依法申请调解、仲裁、提起诉讼，也可以协商解决。

调解原则适用于仲裁和诉讼程序。

第七十八条 解决劳动争议，应当根据合法、公正、及时处理的原则，依法维护劳动争议当事人的合法权益。

第七十九条 劳动争议发生后，当事人可以向本单位劳动争议调解委员会申请调解；调解不成，当事人一方要求仲裁的，可以向劳动争议仲裁委员会申请仲裁。当事人一方也可以直接向劳动争议仲裁委员会申请仲裁。对仲裁裁决不服的，可以向人民法院提起诉讼。

第八十条 在用人单位内，可以设立劳动争议调解委员会。劳动争议调解委员会由职工代表、用人单位代表和工会代表组成。劳动争议调解委员会主任由工会代表担任。

劳动争议经调解达成协议的，当事人应当履行。

第八十一条　劳动争议仲裁委员会由劳动行政部门代表、同级工会代表、用人单位方面的代表组成。劳动争议仲裁委员会主任由劳动行政部门代表担任。

第八十二条　提出仲裁要求的一方应当自劳动争议发生之日起六十日内向劳动争议仲裁委员会提出书面申请。仲裁裁决一般应在收到仲裁申请的六十日内作出。对仲裁裁决无异议的，当事人必须履行。

第八十三条　劳动争议当事人对仲裁裁决不服的，可以自收到仲裁裁决书之日起十五日内向人民法院提起诉讼。一方当事人在法定期限内不起诉又不履行仲裁裁决的，另一方当事人可以申请人民法院强制执行。

第八十四条　因签订集体合同发生争议，当事人协商解决不成的，当地人民政府劳动行政部门可以组织有关各方协调处理。

因履行集体合同发生争议，当事人协商解决不成的，可以向劳动争议仲裁委员会申请仲裁；对仲裁裁决不服的，可以自收到仲裁裁决书之日起十五日内向人民法院提起诉讼。

第十一章　监督检查

第八十五条　县级以上各级人民政府劳动行政部门依法对用人单位遵守劳动法律、法规的情况进行监督检查，对违反劳动法律、法规的行为有权制止，并责令改正。

第八十六条　县级以上各级人民政府劳动行政部门监督检查人员执行公务，有权进入用人单位了解执行劳动法律、法规的情况，查阅必要的资料，并对劳动场所进行检查。

县级以上各级人民政府劳动行政部门监督检查人员执行公务，必须出示证件，秉公执法并遵守有关规定。

第八十七条　县级以上各级人民政府有关部门在各自职责范围内，对用人单位遵守劳动法律、法规的情况进行监督。

第八十八条　各级工会依法维护劳动者的合法权益，对用人单位遵守劳动法律、法规的情况进行监督。

任何组织和个人对于违反劳动法律、法规的行为有权检举和控告。

第十二章　法律责任

第八十九条　用人单位制定的劳动规章制度违反法律、法规规定的，由劳动行政部门给予警告，责令改正；对劳动者造成损害的，应当承担赔偿责任。

第九十条　用人单位违反本法规定，延长劳动者工作时间的，由劳动行政部门给予警告，责令改正，并可以处以罚款。

第九十一条　用人单位有下列侵害劳动者合法权益情形之一的，由劳动行政部门责令支付劳动者的工资报酬、经济补偿，并可以责令支付赔偿金：

（一）克扣或者无故拖欠劳动者工资的；

（二）拒不支付劳动者延长工作时间工资报酬的；

（三）低于当地最低工资标准支付劳动者工资的；

（四）解除劳动合同后，未依照本法规定给予劳动者经济补偿的。

第九十二条　用人单位的劳动安全设施和劳动卫生条件不符合国家规定或者未向劳动者提供必要的劳动防护用品和劳动保护设施的，由劳动行政部门或者有关部门责令改正，可以处以罚款；情节严重的，提请县级以上人民政府决定责令停产整顿；对事故隐患不采取措施，致使发生重大事故，造成劳动者生命和财产损失的，对责任人员依照刑法有关规定追究刑事责任。

第九十三条　用人单位强令劳动者违章冒险作业，发生重大伤亡事故，造成严重后果的，对责任人员依法追究刑事责任。

第九十四条　用人单位非法招用未满十六周岁的未成年人的，由劳动行政部门责令改正，处以罚款；情节严重的，由市场监督管理部门吊销营业执照。

第九十五条　用人单位违反本法对女职工和未成年工

的保护规定，侵害其合法权益的，由劳动行政部门责令改正，处以罚款；对女职工或者未成年工造成损害的，应当承担赔偿责任。

第九十六条 用人单位有下列行为之一，由公安机关对责任人员处以十五日以下拘留、罚款或者警告；构成犯罪的，对责任人员依法追究刑事责任：

（一）以暴力、威胁或者非法限制人身自由的手段强迫劳动的；

（二）侮辱、体罚、殴打、非法搜查和拘禁劳动者的。

第九十七条 由于用人单位的原因订立的无效合同，对劳动者造成损害的，应当承担赔偿责任。

第九十八条 用人单位违反本法规定的条件解除劳动合同或者故意拖延不订立劳动合同的，由劳动行政部门责令改正；对劳动者造成损害的，应当承担赔偿责任。

第九十九条 用人单位招用尚未解除劳动合同的劳动者，对原用人单位造成经济损失的，该用人单位应当依法承担连带赔偿责任。

第一百条 用人单位无故不缴纳社会保险费的，由劳动行政部门责令其限期缴纳；逾期不缴的，可以加收滞纳金。

第一百零一条 用人单位无理阻挠劳动行政部门、有关部门及其工作人员行使监督检查权，打击报复举报人员的，由劳动行政部门或者有关部门处以罚款；构成犯罪的，对责任人员依法追究刑事责任。

第一百零二条　劳动者违反本法规定的条件解除劳动合同或者违反劳动合同中约定的保密事项，对用人单位造成经济损失的，应当依法承担赔偿责任。

第一百零三条　劳动行政部门或者有关部门的工作人员滥用职权、玩忽职守、徇私舞弊，构成犯罪的，依法追究刑事责任；不构成犯罪的，给予行政处分。

第一百零四条　国家工作人员和社会保险基金经办机构的工作人员挪用社会保险基金，构成犯罪的，依法追究刑事责任。

第一百零五条　违反本法规定侵害劳动者合法权益，其他法律、行政法规已规定处罚的，依照该法律、行政法规的规定处罚。

第十三章　附　　则

第一百零六条　省、自治区、直辖市人民政府根据本法和本地区的实际情况，规定劳动合同制度的实施步骤，报国务院备案。

第一百零七条　本法自 1995 年 1 月 1 日起施行。

中华人民共和国劳动合同法

（2007年6月29日第十届全国人民代表大会常务委员会第二十八次会议通过　根据2012年12月28日第十一届全国人民代表大会常务委员会第三十次会议《关于修改〈中华人民共和国劳动合同法〉的决定》修正）

第一章　总　　则

第一条　为了完善劳动合同制度，明确劳动合同双方当事人的权利和义务，保护劳动者的合法权益，构建和发展和谐稳定的劳动关系，制定本法。

第二条　中华人民共和国境内的企业、个体经济组织、民办非企业单位等组织（以下称用人单位）与劳动者建立劳动关系，订立、履行、变更、解除或者终止劳动合同，适用本法。

国家机关、事业单位、社会团体和与其建立劳动关系的劳动者，订立、履行、变更、解除或者终止劳动合同，依照本法执行。

第三条　订立劳动合同，应当遵循合法、公平、平等自愿、协商一致、诚实信用的原则。

依法订立的劳动合同具有约束力，用人单位与劳动者应当履行劳动合同约定的义务。

第四条　用人单位应当依法建立和完善劳动规章制度，保障劳动者享有劳动权利、履行劳动义务。

用人单位在制定、修改或者决定有关劳动报酬、工作时间、休息休假、劳动安全卫生、保险福利、职工培训、劳动纪律以及劳动定额管理等直接涉及劳动者切身利益的规章制度或者重大事项时，应当经职工代表大会或者全体职工讨论，提出方案和意见，与工会或者职工代表平等协商确定。

在规章制度和重大事项决定实施过程中，工会或者职工认为不适当的，有权向用人单位提出，通过协商予以修改完善。

用人单位应当将直接涉及劳动者切身利益的规章制度和重大事项决定公示，或者告知劳动者。

第五条　县级以上人民政府劳动行政部门会同工会和企业方面代表，建立健全协调劳动关系三方机制，共同研究解决有关劳动关系的重大问题。

第六条　工会应当帮助、指导劳动者与用人单位依法订立和履行劳动合同，并与用人单位建立集体协商机制，维护劳动者的合法权益。

第二章　劳动合同的订立

第七条　用人单位自用工之日起即与劳动者建立劳动关系。用人单位应当建立职工名册备查。

第八条　用人单位招用劳动者时，应当如实告知劳动者工作内容、工作条件、工作地点、职业危害、安全生产状况、劳动报酬，以及劳动者要求了解的其他情况；用人单位有权了解劳动者与劳动合同直接相关的基本情况，劳动者应当如实说明。

第九条　用人单位招用劳动者，不得扣押劳动者的居民身份证和其他证件，不得要求劳动者提供担保或者以其他名义向劳动者收取财物。

第十条　建立劳动关系，应当订立书面劳动合同。

已建立劳动关系，未同时订立书面劳动合同的，应当自用工之日起一个月内订立书面劳动合同。

用人单位与劳动者在用工前订立劳动合同的，劳动关系自用工之日起建立。

第十一条　用人单位未在用工的同时订立书面劳动合同，与劳动者约定的劳动报酬不明确的，新招用的劳动者的劳动报酬按照集体合同规定的标准执行；没有集体合同或者集体合同未规定的，实行同工同酬。

第十二条　劳动合同分为固定期限劳动合同、无固定期限劳动合同和以完成一定工作任务为期限的劳动合同。

第十三条　固定期限劳动合同，是指用人单位与劳动者约定合同终止时间的劳动合同。

用人单位与劳动者协商一致，可以订立固定期限劳动合同。

第十四条　无固定期限劳动合同，是指用人单位与劳动者约定无确定终止时间的劳动合同。

用人单位与劳动者协商一致，可以订立无固定期限劳动合同。有下列情形之一，劳动者提出或者同意续订、订立劳动合同的，除劳动者提出订立固定期限劳动合同外，应当订立无固定期限劳动合同：

（一）劳动者在该用人单位连续工作满十年的；

（二）用人单位初次实行劳动合同制度或者国有企业改制重新订立劳动合同时，劳动者在该用人单位连续工作满十年且距法定退休年龄不足十年的；

（三）连续订立二次固定期限劳动合同，且劳动者没有本法第三十九条和第四十条第一项、第二项规定的情形，续订劳动合同的。

用人单位自用工之日起满一年不与劳动者订立书面劳动合同的，视为用人单位与劳动者已订立无固定期限劳动合同。

第十五条　以完成一定工作任务为期限的劳动合同，

是指用人单位与劳动者约定以某项工作的完成为合同期限的劳动合同。

用人单位与劳动者协商一致，可以订立以完成一定工作任务为期限的劳动合同。

第十六条 劳动合同由用人单位与劳动者协商一致，并经用人单位与劳动者在劳动合同文本上签字或者盖章生效。

劳动合同文本由用人单位和劳动者各执一份。

第十七条 劳动合同应当具备以下条款：

（一）用人单位的名称、住所和法定代表人或者主要负责人；

（二）劳动者的姓名、住址和居民身份证或者其他有效身份证件号码；

（三）劳动合同期限；

（四）工作内容和工作地点；

（五）工作时间和休息休假；

（六）劳动报酬；

（七）社会保险；

（八）劳动保护、劳动条件和职业危害防护；

（九）法律、法规规定应当纳入劳动合同的其他事项。

劳动合同除前款规定的必备条款外，用人单位与劳动者可以约定试用期、培训、保守秘密、补充保险和福利待遇等其他事项。

第十八条 劳动合同对劳动报酬和劳动条件等标准约定不明确，引发争议的，用人单位与劳动者可以重新协商；协商不成的，适用集体合同规定；没有集体合同或者集体合同未规定劳动报酬的，实行同工同酬；没有集体合同或者集体合同未规定劳动条件等标准的，适用国家有关规定。

第十九条 劳动合同期限三个月以上不满一年的，试用期不得超过一个月；劳动合同期限一年以上不满三年的，试用期不得超过二个月；三年以上固定期限和无固定期限的劳动合同，试用期不得超过六个月。

同一用人单位与同一劳动者只能约定一次试用期。

以完成一定工作任务为期限的劳动合同或者劳动合同期限不满三个月的，不得约定试用期。

试用期包含在劳动合同期限内。劳动合同仅约定试用期的，试用期不成立，该期限为劳动合同期限。

第二十条 劳动者在试用期的工资不得低于本单位相同岗位最低档工资或者劳动合同约定工资的百分之八十，并不得低于用人单位所在地的最低工资标准。

第二十一条 在试用期中，除劳动者有本法第三十九条和第四十条第一项、第二项规定的情形外，用人单位不得解除劳动合同。用人单位在试用期解除劳动合同的，应当向劳动者说明理由。

第二十二条　用人单位为劳动者提供专项培训费用，对其进行专业技术培训的，可以与该劳动者订立协议，约定服务期。

劳动者违反服务期约定的，应当按照约定向用人单位支付违约金。违约金的数额不得超过用人单位提供的培训费用。用人单位要求劳动者支付的违约金不得超过服务期尚未履行部分所应分摊的培训费用。

用人单位与劳动者约定服务期的，不影响按照正常的工资调整机制提高劳动者在服务期期间的劳动报酬。

第二十三条　用人单位与劳动者可以在劳动合同中约定保守用人单位的商业秘密和与知识产权相关的保密事项。

对负有保密义务的劳动者，用人单位可以在劳动合同或者保密协议中与劳动者约定竞业限制条款，并约定在解除或者终止劳动合同后，在竞业限制期限内按月给予劳动者经济补偿。劳动者违反竞业限制约定的，应当按照约定向用人单位支付违约金。

第二十四条　竞业限制的人员限于用人单位的高级管理人员、高级技术人员和其他负有保密义务的人员。竞业限制的范围、地域、期限由用人单位与劳动者约定，竞业限制的约定不得违反法律、法规的规定。

在解除或者终止劳动合同后，前款规定的人员到与本单位生产或者经营同类产品、从事同类业务的有竞争关系的其他用人单位，或者自己开业生产或者经营同类产品、从事同类业务的竞业限制期限，不得超过二年。

第二十五条　除本法第二十二条和第二十三条规定的情形外，用人单位不得与劳动者约定由劳动者承担违约金。

第二十六条　下列劳动合同无效或者部分无效：

（一）以欺诈、胁迫的手段或者乘人之危，使对方在违背真实意思的情况下订立或者变更劳动合同的；

（二）用人单位免除自己的法定责任、排除劳动者权利的；

（三）违反法律、行政法规强制性规定的。

对劳动合同的无效或者部分无效有争议的，由劳动争议仲裁机构或者人民法院确认。

第二十七条　劳动合同部分无效，不影响其他部分效力的，其他部分仍然有效。

第二十八条　劳动合同被确认无效，劳动者已付出劳动的，用人单位应当向劳动者支付劳动报酬。劳动报酬的数额，参照本单位相同或者相近岗位劳动者的劳动报酬确定。

第三章　劳动合同的履行和变更

第二十九条　用人单位与劳动者应当按照劳动合同的约定，全面履行各自的义务。

第三十条　用人单位应当按照劳动合同约定和国家规定，向劳动者及时足额支付劳动报酬。

用人单位拖欠或者未足额支付劳动报酬的，劳动者可以依法向当地人民法院申请支付令，人民法院应当依法发出支付令。

第三十一条　用人单位应当严格执行劳动定额标准，不得强迫或者变相强迫劳动者加班。用人单位安排加班的，应当按照国家有关规定向劳动者支付加班费。

第三十二条　劳动者拒绝用人单位管理人员违章指挥、强令冒险作业的，不视为违反劳动合同。

劳动者对危害生命安全和身体健康的劳动条件，有权对用人单位提出批评、检举和控告。

第三十三条　用人单位变更名称、法定代表人、主要负责人或者投资人等事项，不影响劳动合同的履行。

第三十四条　用人单位发生合并或者分立等情况，原劳动合同继续有效，劳动合同由承继其权利和义务的用人单位继续履行。

第三十五条　用人单位与劳动者协商一致，可以变更劳动合同约定的内容。变更劳动合同，应当采用书面形式。

变更后的劳动合同文本由用人单位和劳动者各执一份。

第四章　劳动合同的解除和终止

第三十六条　用人单位与劳动者协商一致，可以解除劳动合同。

第三十七条　劳动者提前三十日以书面形式通知用人单位，可以解除劳动合同。劳动者在试用期内提前三日通知用人单位，可以解除劳动合同。

第三十八条　用人单位有下列情形之一的，劳动者可以解除劳动合同：

（一）未按照劳动合同约定提供劳动保护或者劳动条件的；

（二）未及时足额支付劳动报酬的；

（三）未依法为劳动者缴纳社会保险费的；

（四）用人单位的规章制度违反法律、法规的规定，损害劳动者权益的；

（五）因本法第二十六条第一款规定的情形致使劳动合同无效的；

（六）法律、行政法规规定劳动者可以解除劳动合同的其他情形。

用人单位以暴力、威胁或者非法限制人身自由的手段强迫劳动者劳动的，或者用人单位违章指挥、强令冒险作业危及劳动者人身安全的，劳动者可以立即解除劳动合同，不需事先告知用人单位。

第三十九条 劳动者有下列情形之一的，用人单位可以解除劳动合同：

（一）在试用期间被证明不符合录用条件的；

（二）严重违反用人单位的规章制度的；

（三）严重失职，营私舞弊，给用人单位造成重大损害的；

（四）劳动者同时与其他用人单位建立劳动关系，对完成本单位的工作任务造成严重影响，或者经用人单位提出，拒不改正的；

（五）因本法第二十六条第一款第一项规定的情形致使劳动合同无效的；

（六）被依法追究刑事责任的。

第四十条 有下列情形之一的，用人单位提前三十日以书面形式通知劳动者本人或者额外支付劳动者一个月工资后，可以解除劳动合同：

（一）劳动者患病或者非因工负伤，在规定的医疗期满后不能从事原工作，也不能从事由用人单位另行安排的工作的；

（二）劳动者不能胜任工作，经过培训或者调整工作岗位，仍不能胜任工作的；

（三）劳动合同订立时所依据的客观情况发生重大变化，致使劳动合同无法履行，经用人单位与劳动者协商，未能就变更劳动合同内容达成协议的。

第四十一条　有下列情形之一，需要裁减人员二十人以上或者裁减不足二十人但占企业职工总数百分之十以上的，用人单位提前三十日向工会或者全体职工说明情况，听取工会或者职工的意见后，裁减人员方案经向劳动行政部门报告，可以裁减人员：

（一）依照企业破产法规定进行重整的；

（二）生产经营发生严重困难的；

（三）企业转产、重大技术革新或者经营方式调整，经变更劳动合同后，仍需裁减人员的；

（四）其他因劳动合同订立时所依据的客观经济情况发生重大变化，致使劳动合同无法履行的。

裁减人员时，应当优先留用下列人员：

（一）与本单位订立较长期限的固定期限劳动合同的；

（二）与本单位订立无固定期限劳动合同的；

（三）家庭无其他就业人员，有需要扶养的老人或者未成年人的。

用人单位依照本条第一款规定裁减人员，在六个月内重新招用人员的，应当通知被裁减的人员，并在同等条件下优先招用被裁减的人员。

第四十二条 劳动者有下列情形之一的，用人单位不得依照本法第四十条、第四十一条的规定解除劳动合同：

（一）从事接触职业病危害作业的劳动者未进行离岗前职业健康检查，或者疑似职业病病人在诊断或者医学观察期间的；

（二）在本单位患职业病或者因工负伤并被确认丧失或者部分丧失劳动能力的；

（三）患病或者非因工负伤，在规定的医疗期内的；

（四）女职工在孕期、产期、哺乳期的；

（五）在本单位连续工作满十五年，且距法定退休年龄不足五年的；

（六）法律、行政法规规定的其他情形。

第四十三条 用人单位单方解除劳动合同，应当事先将理由通知工会。用人单位违反法律、行政法规规定或者劳动合同约定的，工会有权要求用人单位纠正。用人单位应当研究工会的意见，并将处理结果书面通知工会。

第四十四条 有下列情形之一的，劳动合同终止：

（一）劳动合同期满的；

（二）劳动者开始依法享受基本养老保险待遇的；

（三）劳动者死亡，或者被人民法院宣告死亡或者宣告失踪的；

（四）用人单位被依法宣告破产的；

（五）用人单位被吊销营业执照、责令关闭、撤销或者用人单位决定提前解散的；

（六）法律、行政法规规定的其他情形。

第四十五条　劳动合同期满，有本法第四十二条规定情形之一的，劳动合同应当续延至相应的情形消失时终止。但是，本法第四十二条第二项规定丧失或者部分丧失劳动能力劳动者的劳动合同的终止，按照国家有关工伤保险的规定执行。

第四十六条　有下列情形之一的，用人单位应当向劳动者支付经济补偿：

（一）劳动者依照本法第三十八条规定解除劳动合同的；

（二）用人单位依照本法第三十六条规定向劳动者提出解除劳动合同并与劳动者协商一致解除劳动合同的；

（三）用人单位依照本法第四十条规定解除劳动合同的；

（四）用人单位依照本法第四十一条第一款规定解除劳动合同的；

（五）除用人单位维持或者提高劳动合同约定条件续订劳动合同，劳动者不同意续订的情形外，依照本法第四十四条第一项规定终止固定期限劳动合同的；

（六）依照本法第四十四条第四项、第五项规定终止劳动合同的；

（七）法律、行政法规规定的其他情形。

第四十七条 经济补偿按劳动者在本单位工作的年限，每满一年支付一个月工资的标准向劳动者支付。六个月以上不满一年的，按一年计算；不满六个月的，向劳动者支付半个月工资的经济补偿。

劳动者月工资高于用人单位所在直辖市、设区的市级人民政府公布的本地区上年度职工月平均工资三倍的，向其支付经济补偿的标准按职工月平均工资三倍的数额支付，向其支付经济补偿的年限最高不超过十二年。

本条所称月工资是指劳动者在劳动合同解除或者终止前十二个月的平均工资。

第四十八条 用人单位违反本法规定解除或者终止劳动合同，劳动者要求继续履行劳动合同的，用人单位应当继续履行；劳动者不要求继续履行劳动合同或者劳动合同已经不能继续履行的，用人单位应当依照本法第八十七条规定支付赔偿金。

第四十九条 国家采取措施，建立健全劳动者社会保险关系跨地区转移接续制度。

第五十条 用人单位应当在解除或者终止劳动合同时

出具解除或者终止劳动合同的证明，并在十五日内为劳动者办理档案和社会保险关系转移手续。

劳动者应当按照双方约定，办理工作交接。用人单位依照本法有关规定应当向劳动者支付经济补偿的，在办结工作交接时支付。

用人单位对已经解除或者终止的劳动合同的文本，至少保存二年备查。

第五章　特别规定

第一节　集体合同

第五十一条　企业职工一方与用人单位通过平等协商，可以就劳动报酬、工作时间、休息休假、劳动安全卫生、保险福利等事项订立集体合同。集体合同草案应当提交职工代表大会或者全体职工讨论通过。

集体合同由工会代表企业职工一方与用人单位订立；尚未建立工会的用人单位，由上级工会指导劳动者推举的代表与用人单位订立。

第五十二条　企业职工一方与用人单位可以订立劳动安全卫生、女职工权益保护、工资调整机制等专项集体合同。

第五十三条　在县级以下区域内，建筑业、采矿业、餐饮服务业等行业可以由工会与企业方面代表订立行业性集体合同，或者订立区域性集体合同。

第五十四条　集体合同订立后，应当报送劳动行政部门；劳动行政部门自收到集体合同文本之日起十五日内未提出异议的，集体合同即行生效。

依法订立的集体合同对用人单位和劳动者具有约束力。行业性、区域性集体合同对当地本行业、本区域的用人单位和劳动者具有约束力。

第五十五条　集体合同中劳动报酬和劳动条件等标准不得低于当地人民政府规定的最低标准；用人单位与劳动者订立的劳动合同中劳动报酬和劳动条件等标准不得低于集体合同规定的标准。

第五十六条　用人单位违反集体合同，侵犯职工劳动权益的，工会可以依法要求用人单位承担责任；因履行集体合同发生争议，经协商解决不成的，工会可以依法申请仲裁、提起诉讼。

第二节　劳 务 派 遣

第五十七条　经营劳务派遣业务应当具备下列条件：

（一）注册资本不得少于人民币二百万元；

（二）有与开展业务相适应的固定的经营场所和设施；

（三）有符合法律、行政法规规定的劳务派遣管理制度；

（四）法律、行政法规规定的其他条件。

经营劳务派遣业务，应当向劳动行政部门依法申请行政许可；经许可的，依法办理相应的公司登记。未经许可，任何单位和个人不得经营劳务派遣业务。

第五十八条　劳务派遣单位是本法所称用人单位，应当履行用人单位对劳动者的义务。劳务派遣单位与被派遣劳动者订立的劳动合同，除应当载明本法第十七条规定的事项外，还应当载明被派遣劳动者的用工单位以及派遣期限、工作岗位等情况。

劳务派遣单位应当与被派遣劳动者订立二年以上的固定期限劳动合同，按月支付劳动报酬；被派遣劳动者在无工作期间，劳务派遣单位应当按照所在地人民政府规定的最低工资标准，向其按月支付报酬。

第五十九条　劳务派遣单位派遣劳动者应当与接受以劳务派遣形式用工的单位（以下称用工单位）订立劳务派遣协议。劳务派遣协议应当约定派遣岗位和人员数量、派遣期限、劳动报酬和社会保险费的数额与支付方式以及违反协议的责任。

用工单位应当根据工作岗位的实际需要与劳务派遣单位确定派遣期限，不得将连续用工期限分割订立数个短期劳务派遣协议。

第六十条　劳务派遣单位应当将劳务派遣协议的内容告知被派遣劳动者。

劳务派遣单位不得克扣用工单位按照劳务派遣协议支

付给被派遣劳动者的劳动报酬。

劳务派遣单位和用工单位不得向被派遣劳动者收取费用。

第六十一条 劳务派遣单位跨地区派遣劳动者的，被派遣劳动者享有的劳动报酬和劳动条件，按照用工单位所在地的标准执行。

第六十二条 用工单位应当履行下列义务：

（一）执行国家劳动标准，提供相应的劳动条件和劳动保护；

（二）告知被派遣劳动者的工作要求和劳动报酬；

（三）支付加班费、绩效奖金，提供与工作岗位相关的福利待遇；

（四）对在岗被派遣劳动者进行工作岗位所必需的培训；

（五）连续用工的，实行正常的工资调整机制。

用工单位不得将被派遣劳动者再派遣到其他用人单位。

第六十三条 被派遣劳动者享有与用工单位的劳动者同工同酬的权利。用工单位应当按照同工同酬原则，对被派遣劳动者与本单位同类岗位的劳动者实行相同的劳动报酬分配办法。用工单位无同类岗位劳动者的，参照用工单位所在地相同或者相近岗位劳动者的劳动报酬确定。

劳务派遣单位与被派遣劳动者订立的劳动合同和与用工单位订立的劳务派遣协议，载明或者约定的向被派遣劳动者支付的劳动报酬应当符合前款规定。

第六十四条　被派遣劳动者有权在劳务派遣单位或者用工单位依法参加或者组织工会，维护自身的合法权益。

第六十五条　被派遣劳动者可以依照本法第三十六条、第三十八条的规定与劳务派遣单位解除劳动合同。

被派遣劳动者有本法第三十九条和第四十条第一项、第二项规定情形的，用工单位可以将劳动者退回劳务派遣单位，劳务派遣单位依照本法有关规定，可以与劳动者解除劳动合同。

第六十六条　劳动合同用工是我国的企业基本用工形式。劳务派遣用工是补充形式，只能在临时性、辅助性或者替代性的工作岗位上实施。

前款规定的临时性工作岗位是指存续时间不超过六个月的岗位；辅助性工作岗位是指为主营业务岗位提供服务的非主营业务岗位；替代性工作岗位是指用工单位的劳动者因脱产学习、休假等原因无法工作的一定期间内，可以由其他劳动者替代工作的岗位。

用工单位应当严格控制劳务派遣用工数量，不得超过其用工总量的一定比例，具体比例由国务院劳动行政部门规定。

第六十七条 用人单位不得设立劳务派遣单位向本单位或者所属单位派遣劳动者。

第三节 非全日制用工

第六十八条 非全日制用工，是指以小时计酬为主，劳动者在同一用人单位一般平均每日工作时间不超过四小时，每周工作时间累计不超过二十四小时的用工形式。

第六十九条 非全日制用工双方当事人可以订立口头协议。

从事非全日制用工的劳动者可以与一个或者一个以上用人单位订立劳动合同；但是，后订立的劳动合同不得影响先订立的劳动合同的履行。

第七十条 非全日制用工双方当事人不得约定试用期。

第七十一条 非全日制用工双方当事人任何一方都可以随时通知对方终止用工。终止用工，用人单位不向劳动者支付经济补偿。

第七十二条 非全日制用工小时计酬标准不得低于用人单位所在地人民政府规定的最低小时工资标准。

非全日制用工劳动报酬结算支付周期最长不得超过十五日。

第六章　监督检查

第七十三条　国务院劳动行政部门负责全国劳动合同制度实施的监督管理。

县级以上地方人民政府劳动行政部门负责本行政区域内劳动合同制度实施的监督管理。

县级以上各级人民政府劳动行政部门在劳动合同制度实施的监督管理工作中，应当听取工会、企业方面代表以及有关行业主管部门的意见。

第七十四条　县级以上地方人民政府劳动行政部门依法对下列实施劳动合同制度的情况进行监督检查：

（一）用人单位制定直接涉及劳动者切身利益的规章制度及其执行的情况；

（二）用人单位与劳动者订立和解除劳动合同的情况；

（三）劳务派遣单位和用工单位遵守劳务派遣有关规定的情况；

（四）用人单位遵守国家关于劳动者工作时间和休息休假规定的情况；

（五）用人单位支付劳动合同约定的劳动报酬和执行最低工资标准的情况；

（六）用人单位参加各项社会保险和缴纳社会保险费的情况；

（七）法律、法规规定的其他劳动监察事项。

第七十五条 县级以上地方人民政府劳动行政部门实施监督检查时，有权查阅与劳动合同、集体合同有关的材料，有权对劳动场所进行实地检查，用人单位和劳动者都应当如实提供有关情况和材料。

劳动行政部门的工作人员进行监督检查，应当出示证件，依法行使职权，文明执法。

第七十六条 县级以上人民政府建设、卫生、安全生产监督管理等有关主管部门在各自职责范围内，对用人单位执行劳动合同制度的情况进行监督管理。

第七十七条 劳动者合法权益受到侵害的，有权要求有关部门依法处理，或者依法申请仲裁、提起诉讼。

第七十八条 工会依法维护劳动者的合法权益，对用人单位履行劳动合同、集体合同的情况进行监督。用人单位违反劳动法律、法规和劳动合同、集体合同的，工会有权提出意见或者要求纠正；劳动者申请仲裁、提起诉讼的，工会依法给予支持和帮助。

第七十九条 任何组织或者个人对违反本法的行为都有权举报，县级以上人民政府劳动行政部门应当及时核实、处理，并对举报有功人员给予奖励。

第七章　法律责任

第八十条　用人单位直接涉及劳动者切身利益的规章制度违反法律、法规规定的，由劳动行政部门责令改正，给予警告；给劳动者造成损害的，应当承担赔偿责任。

第八十一条　用人单位提供的劳动合同文本未载明本法规定的劳动合同必备条款或者用人单位未将劳动合同文本交付劳动者的，由劳动行政部门责令改正；给劳动者造成损害的，应当承担赔偿责任。

第八十二条　用人单位自用工之日起超过一个月不满一年未与劳动者订立书面劳动合同的，应当向劳动者每月支付二倍的工资。

用人单位违反本法规定不与劳动者订立无固定期限劳动合同的，自应当订立无固定期限劳动合同之日起向劳动者每月支付二倍的工资。

第八十三条　用人单位违反本法规定与劳动者约定试用期的，由劳动行政部门责令改正；违法约定的试用期已经履行的，由用人单位以劳动者试用期满月工资为标准，按已经履行的超过法定试用期的期间向劳动者支付赔偿金。

第八十四条　用人单位违反本法规定，扣押劳动者居民身份证等证件的，由劳动行政部门责令限期退还劳动者本人，并依照有关法律规定给予处罚。

用人单位违反本法规定，以担保或者其他名义向劳动者收取财物的，由劳动行政部门责令限期退还劳动者本人，并以每人五百元以上二千元以下的标准处以罚款；给劳动者造成损害的，应当承担赔偿责任。

劳动者依法解除或者终止劳动合同，用人单位扣押劳动者档案或者其他物品的，依照前款规定处罚。

第八十五条 用人单位有下列情形之一的，由劳动行政部门责令限期支付劳动报酬、加班费或者经济补偿；劳动报酬低于当地最低工资标准的，应当支付其差额部分；逾期不支付的，责令用人单位按应付金额百分之五十以上百分之一百以下的标准向劳动者加付赔偿金：

（一）未按照劳动合同的约定或者国家规定及时足额支付劳动者劳动报酬的；

（二）低于当地最低工资标准支付劳动者工资的；

（三）安排加班不支付加班费的；

（四）解除或者终止劳动合同，未依照本法规定向劳动者支付经济补偿的。

第八十六条 劳动合同依照本法第二十六条规定被确认无效，给对方造成损害的，有过错的一方应当承担赔偿责任。

第八十七条 用人单位违反本法规定解除或者终止劳

动合同的，应当依照本法第四十七条规定的经济补偿标准的二倍向劳动者支付赔偿金。

第八十八条 用人单位有下列情形之一的，依法给予行政处罚；构成犯罪的，依法追究刑事责任；给劳动者造成损害的，应当承担赔偿责任：

（一）以暴力、威胁或者非法限制人身自由的手段强迫劳动的；

（二）违章指挥或者强令冒险作业危及劳动者人身安全的；

（三）侮辱、体罚、殴打、非法搜查或者拘禁劳动者的；

（四）劳动条件恶劣、环境污染严重，给劳动者身心健康造成严重损害的。

第八十九条 用人单位违反本法规定未向劳动者出具解除或者终止劳动合同的书面证明，由劳动行政部门责令改正；给劳动者造成损害的，应当承担赔偿责任。

第九十条 劳动者违反本法规定解除劳动合同，或者违反劳动合同中约定的保密义务或者竞业限制，给用人单位造成损失的，应当承担赔偿责任。

第九十一条 用人单位招用与其他用人单位尚未解除或者终止劳动合同的劳动者，给其他用人单位造成损失的，应当承担连带赔偿责任。

第九十二条 违反本法规定，未经许可，擅自经营劳务派遣业务的，由劳动行政部门责令停止违法行为，没收违法所得，并处违法所得一倍以上五倍以下的罚款；没有违法所得的，可以处五万元以下的罚款。

劳务派遣单位、用工单位违反本法有关劳务派遣规定的，由劳动行政部门责令限期改正；逾期不改正的，以每人五千元以上一万元以下的标准处以罚款，对劳务派遣单位，吊销其劳务派遣业务经营许可证。用工单位给被派遣劳动者造成损害的，劳务派遣单位与用工单位承担连带赔偿责任。

第九十三条 对不具备合法经营资格的用人单位的违法犯罪行为，依法追究法律责任；劳动者已经付出劳动的，该单位或者其出资人应当依照本法有关规定向劳动者支付劳动报酬、经济补偿、赔偿金；给劳动者造成损害的，应当承担赔偿责任。

第九十四条 个人承包经营违反本法规定招用劳动者，给劳动者造成损害的，发包的组织与个人承包经营者承担连带赔偿责任。

第九十五条 劳动行政部门和其他有关主管部门及其工作人员玩忽职守、不履行法定职责，或者违法行使职权，给劳动者或者用人单位造成损害的，应当承担赔偿责任；对直接负责的主管人员和其他直接责任人员，依法给予行政处分；构成犯罪的，依法追究刑事责任。

第八章 附 则

第九十六条 事业单位与实行聘用制的工作人员订立、履行、变更、解除或者终止劳动合同，法律、行政法规或者国务院另有规定的，依照其规定；未作规定的，依照本法有关规定执行。

第九十七条 本法施行前已依法订立且在本法施行之日存续的劳动合同，继续履行；本法第十四条第二款第三项规定连续订立固定期限劳动合同的次数，自本法施行后续订固定期限劳动合同时开始计算。

本法施行前已建立劳动关系，尚未订立书面劳动合同的，应当自本法施行之日起一个月内订立。

本法施行之日存续的劳动合同在本法施行后解除或者终止，依照本法第四十六条规定应当支付经济补偿的，经济补偿年限自本法施行之日起计算；本法施行前按照当时有关规定，用人单位应当向劳动者支付经济补偿的，按照当时有关规定执行。

第九十八条 本法自 2008 年 1 月 1 日起施行。

中国工会章程

（中国工会第十八次全国代表大会部分修改，2023 年 10 月 12 日通过）

总　　则

中国工会是中国共产党领导的职工自愿结合的工人阶级群众组织，是党联系职工群众的桥梁和纽带，是国家政权的重要社会支柱，是会员和职工利益的代表。

中国工会以宪法为根本活动准则，按照《中华人民共和国工会法》和本章程独立自主地开展工作，依法行使权利和履行义务。

工人阶级是我国的领导阶级，是先进生产力和生产关系的代表，是中国共产党最坚实最可靠的阶级基础，是改革开放和社会主义现代化建设的主力军，是维护社会安定的强大而集中的社会力量。中国工会高举中国特色社会主义伟大旗帜，坚持马克思列宁主义、毛泽东思想、邓小平理论、“三个代表”重要思想、科学发展观，全面贯彻习近平新时代中国特色社会主义思想，贯彻执行党的以经济建设为中心，坚持四项基本原则，坚持改革开放的基本路线，保持和增强政治性、先进性、群众性，坚定不移地走中国特色社会主义工会发展道路，推动党的全心全意依靠工人阶级的根本指导方针的贯彻落实，全面履行工会的社会职能，在维护全国人民总体利益的同时，更好地表达和维护职工的具体利益，团结和动员全国职工自力更生、艰苦创业，坚持和发展中国特色社会主义，为全面建成社会主义现代化强国、实现第二个百年奋斗目标，以中国式现代化全面推进中华民族伟大复兴而奋斗。

中国工会坚持自觉接受中国共产党的领导，承担团结引导职工群众听党话、跟党走的政治责任，巩固和扩大党执政的阶级基础和群众基础。

中国工会的基本职责是维护职工合法权益、竭诚服务职工群众。

中国工会按照中国特色社会主义事业“五位一体”总体布局和“四个全面”战略布局，贯彻创新、协调、绿色、开放、共享的新发展理念，把握为实现中华民族伟大复兴的中国梦而奋斗的工人运动时代主题，弘扬劳模精神、劳动精神、工匠精神，动员和组织职工积极参加建设和改革，努力促进经济、政治、文化、社会和生态文明建设；发展全过程人民民主，代表和组织职工参与管理国家事务、管理经济和文化事业、管理社会事务，参与企业、事业单位、机关、社会组织的民主管理；教育职工践行社会主义核心价值观，不断提高思想道德素质、科学文化素质和技术技能素质，建设有理想、有道德、有文化、有纪律的职工队伍，不断发展工人阶级先进性。

中国工会以忠诚党的事业、竭诚服务职工为己任，坚持组织起来、切实维权的工作方针，坚持以职工为本、主动依法科学维权的维权观，促进完善社会主义劳动法律，维护职工的经济、政治、文化和社会权利，参与协调劳动关系和社会利益关系，推动构建和谐劳动关系，促进经济高质量发展和社会的长期稳定，维护工人阶级和工会组织的团结统一，为构建社会主义和谐社会作贡献。

中国工会维护工人阶级领导的、以工农联盟为基础的人民民主专政的社会主义国家政权，协助人民政府开展工作，依法发挥民主参与和社会监督作用。

中国工会推动产业工人队伍建设改革，强化产业工人思想政治引领，提高产业工人队伍整体素质，发挥产业工人骨干作用，维护产业工人合法权益，保障产业工人主人翁地位，造就一支有理想守信念、懂技术会创新、敢担当讲奉献的宏大产业工人队伍。

中国工会在企业、事业单位、社会组织中，按照促进企事业和社会组织发展、维护职工权益的原则，支持行政依法行使管理权力，组织职工参与本单位民主选举、民主协商、民主决策、民主管理和民主监督，与行政方面建立协商制度，保障职工的合法权益，调动职工的积极性，促进企业、事业单位、社会组织的发展。

中国工会实行产业和地方相结合的组织领导原则，坚持民主集中制。

中国工会坚持以改革创新精神加强自身建设，健全联系广泛、服务职工的工作体系，增强团结教育、维护权益、服务职工的功能，坚持群众化、民主化，保持同会员群众的密切联系，依靠会员群众开展工会工作。各级工会领导机关坚持把工作重点放到基层，着力扩大覆盖面、增强代表性，着力强化服务意识、提高维权能力，着力加强队伍建设、提升保障水平，坚持服务职工群众的工作生命线，全心全意为基层、为职工服务，构建智慧工会，增强基层工会的吸引力凝聚力战斗力，把工会组织建设得更加充满活力、更加坚强有力，成为深受职工群众信赖的学习型、服务型、创新型“职工之家”。

工会兴办的企业、事业单位，坚持公益性、服务性，坚持为改革开放和发展社会生产力服务，为职工群众服务，为推进工运事业服务。

中国工会努力巩固和发展工农联盟，坚持最广泛的爱国统一战线，加强包括香港特别行政区同胞、澳门特别行政区同胞、台湾同胞和海外侨胞在内的全国各族人民的大团结，促进祖国的统一、繁荣和富强。

中国工会在国际事务中坚持独立自主、互相尊重、求同存异、加强合作、增进友谊的方针，在独立、平等、互相尊重、互不干涉内部事务的原则基础上，广泛建立和发展同国际和各国工会组织的友好关系，积极参与“一带一路”建设，增进我国工人阶级同各国工人阶级的友谊，同全世界工人和工会一起，在推动构建人类命运共同体中发挥作用，为世界的和平、发展、合作、工人权益和社会进步而共同努力。

中国工会深入学习贯彻习近平总书记关于党的建设的重要思想，落实新时代党的建设总要求，贯彻全面从严治党战略方针，以党的政治建设为统领，加强党的建设，深刻领悟“两个确立”的决定性意义，增强“四个意识”、坚定“四个自信”、做到“两个维护”，在思想上政治上行动上同以习近平同志为核心的党中央保持高度一致。

第一章　会　　员

第一条　凡在中国境内的企业、事业单位、机关、社会组织中，以工资收入为主要生活来源或者与用人单位建立劳动关系的劳动者，不分民族、种族、性别、职业、宗教信仰、教育程度，承认工会章程，都可以加入工会为会员。

工会适应企业组织形式、职工队伍结构、劳动关系、就业形态等方面的发展变化，依法维护劳动者参加和组织工会的权利。

第二条　职工加入工会，由本人自愿申请，经基层工会委员会批准并发给会员证。

第三条　会员享有以下权利：

（一）选举权、被选举权和表决权。

（二）对工会工作进行监督，提出意见和建议，要求撤换或者罢免不称职的工会工作人员。

（三）对国家和社会生活问题及本单位工作提出批评与建议，要求工会组织向有关方面如实反映。

（四）在合法权益受到侵犯时，要求工会给予保护。

（五）工会提供的文化、教育、体育、旅游、疗休养、互助保障、生活救助、法律服务、就业服务等优惠待遇；工会给予的各种奖励。

（六）在工会会议和工会媒体上，参加关于工会工作和职工关心问题的讨论。

第四条　会员履行下列义务：

（一）认真学习贯彻习近平新时代中国特色社会主义思想，学习政治、经济、文化、法律、科技和工会基本知识等。

（二）积极参加民主管理，努力完成生产和工作任务，立足本职岗位建功立业。

（三）遵守宪法和法律，践行社会主义核心价值观，弘扬中华民族传统美德，恪守社会公德、职业道德、家庭美德、个人品德，遵守劳动纪律。

（四）正确处理国家、集体、个人三者利益关系，向危害国家、社会利益的行为作斗争。

（五）维护中国工人阶级和工会组织的团结统一，发扬阶级友爱，搞好互助互济。

（六）遵守工会章程，执行工会决议，参加工会活动，按月交纳会费。

第五条 会员组织关系随劳动（工作）关系变动，凭会员证明接转。

第六条 会员有退会自由。会员退会由本人向工会小组提出，由基层工会委员会宣布其退会并收回会员证。

会员没有正当理由连续六个月不交纳会费、不参加工会组织生活，经教育拒不改正，应当视为自动退会。

第七条 对不执行工会决议、违反工会章程的会员，给予批评教育。对严重违法犯罪并受到刑事处罚的会员，开除会籍。开除会员会籍，须经工会小组讨论，提出意见，由基层工会委员会决定，报上一级工会备案。

第八条 会员离休、退休和失业，可保留会籍。保留会籍期间免交会费。

工会组织要关心离休、退休和失业会员的生活，积极向有关方面反映他们的愿望和要求。

第二章　组 织 制 度

第九条　中国工会实行民主集中制，主要内容是：

（一）个人服从组织，少数服从多数，下级组织服从上级组织。

（二）工会的各级领导机关，除它们派出的代表机关外，都由民主选举产生。

（三）工会的最高领导机关，是工会的全国代表大会和它所产生的中华全国总工会执行委员会。工会的地方各级领导机关，是工会的地方各级代表大会和它所产生的总工会委员会。

（四）工会各级委员会，向同级会员大会或者会员代表大会负责并报告工作，接受会员监督。会员大会和会员代表大会有权撤换或者罢免其所选举的代表和工会委员会组成人员。

（五）工会各级委员会，实行集体领导和分工负责相结合的制度。凡属重大问题由委员会民主讨论，作出决定，委员会成员根据集体的决定和分工，履行自己的职责。

（六）工会各级领导机关，加强对下级组织的领导和服务，经常向下级组织通报情况，听取下级组织和会员的意见，研究和解决他们提出的问题。下级组织应及时向上级组织请示报告工作。

第十条 工会各级代表大会的代表和委员会的产生，要充分体现选举人的意志。候选人名单，要反复酝酿，充分讨论。选举采用无记名投票方式，可以直接采用候选人数多于应选人数的差额选举办法进行正式选举，也可以先采用差额选举办法进行预选，产生候选人名单，然后进行正式选举。任何组织和个人，不得以任何方式强迫选举人选举或不选举某个人。

第十一条 中国工会实行产业和地方相结合的组织领导原则。同一企业、事业单位、机关、社会组织中的会员，组织在一个基层工会组织中；同一行业或者性质相近的几个行业，根据需要建立全国的或者地方的产业工会组织。除少数行政管理体制实行垂直管理的产业，其产业工会实行产业工会和地方工会双重领导，以产业工会领导为主外，其他产业工会均实行以地方工会领导为主，同时接受上级产业工会领导的体制。各产业工会的领导体制，由中华全国总工会确定。

省、自治区、直辖市，设区的市和自治州，县（旗）、自治县、不设区的市建立地方总工会。地方总工会是当地地方工会组织和产业工会地方组织的领导机关。全国建立统一的中华全国总工会。中华全国总工会是各级地方总工会和各产业工会全国组织的领导机关。

中华全国总工会执行委员会委员和产业工会全国委员会委员实行替补制，各级地方总工会委员会委员和地方产业工会委员会委员，也可以实行替补制。

第十二条　县和县以上各级地方总工会委员会，根据工作需要可以派出代表机关。

县和县以上各级工会委员会，在两次代表大会之间，认为有必要时，可以召集代表会议，讨论和决定需要及时解决的重大问题。代表会议代表的名额和产生办法，由召集代表会议的总工会决定。

全国产业工会、各级地方产业工会、乡镇工会、城市街道工会和区域性、行业性工会联合会的委员会，可以按照联合制、代表制原则，由下一级工会组织民主选举的主要负责人和适当比例的有关方面代表组成。

上级工会可以派员帮助和指导用人单位的职工组建工会。

第十三条　各级工会代表大会选举产生同级经费审查委员会。中华全国总工会经费审查委员会设常务委员会，省、自治区、直辖市总工会经费审查委员会和独立管理经费的全国产业工会经费审查委员会，应当设常务委员会。经费审查委员会负责审查同级工会组织及其直属企业、事业单位的经费收支和资产管理情况，监督财经法纪的贯彻执行和工会经费的使用，并接受上级工会经费审查委员会的指导和监督。工会经费审查委员会向同级会员大会或会员代表大会负责并报告工作；在大会闭会期间，向同级工会委员会负责并报告工作。

上级经费审查委员会应当对下一级工会及其直属企业、事业单位的经费收支和资产管理情况进行审查。

中华全国总工会经费审查委员会委员实行替补制，各级地方总工会经费审查委员会委员和独立管理经费的产业工会经费审查委员会委员，也可以实行替补制。

第十四条 各级工会建立女职工委员会，表达和维护女职工的合法权益。女职工委员会由同级工会委员会提名，在充分协商的基础上组成或者选举产生，女职工委员会与工会委员会同时建立，在同级工会委员会领导下开展工作。企业工会女职工委员会是县或者县以上妇联的团体会员，通过县以上地方工会接受妇联的业务指导。

第十五条 县和县以上各级工会组织应当建立法律服务机构，为保护职工和工会组织的合法权益提供服务。

各级工会组织应当组织和代表职工开展劳动法律监督。

第十六条 成立或者撤销工会组织，必须经会员大会或者会员代表大会通过，并报上一级工会批准。基层工会组织所在的企业终止，或者所在的事业单位、机关、社会组织被撤销，该工会组织相应撤销，并报上级工会备案。其他组织和个人不得随意撤销工会组织，也不得把工会组织的机构撤销、合并或者归属其他工作部门。

第三章　全 国 组 织

第十七条　中国工会全国代表大会，每五年举行一次，由中华全国总工会执行委员会召集。在特殊情况下，由中华全国总工会执行委员会主席团提议，经执行委员会全体会议通过，可以提前或者延期举行。代表名额和代表选举办法由中华全国总工会决定。

第十八条　中国工会全国代表大会的职权是：

（一）审议和批准中华全国总工会执行委员会的工作报告。

（二）审议和批准中华全国总工会执行委员会的经费收支情况报告和经费审查委员会的工作报告。

（三）修改中国工会章程。

（四）选举中华全国总工会执行委员会和经费审查委员会。

第十九条　中华全国总工会执行委员会，在全国代表大会闭会期间，负责贯彻执行全国代表大会的决议，领导全国工会工作。

执行委员会全体会议选举主席一人、副主席若干人、主席团委员若干人，组成主席团。

执行委员会全体会议由主席团召集，每年至少举行一次。

第二十条 中华全国总工会执行委员会全体会议闭会期间，由主席团行使执行委员会的职权。主席团全体会议，由主席召集。

主席团闭会期间，由主席、副主席组成的主席会议行使主席团职权。主席会议由中华全国总工会主席召集并主持。

主席团下设书记处，由主席团在主席团成员中推选第一书记一人，书记若干人组成。书记处在主席团领导下，主持中华全国总工会的日常工作。

第二十一条 产业工会全国组织的设置，由中华全国总工会根据需要确定。

产业工会全国委员会的建立，经中华全国总工会批准，可以按照联合制、代表制原则组成，也可以由产业工会全国代表大会选举产生。全国委员会每届任期五年。任期届满，应当如期召开会议，进行换届选举。在特殊情况下，经中华全国总工会批准，可以提前或者延期举行。

产业工会全国代表大会和按照联合制、代表制原则组成的产业工会全国委员会全体会议的职权是：审议和批准产业工会全国委员会的工作报告；选举产业工会全国委员会或者产业工会全国委员会常务委员会。独立管理经费的产业工会，选举经费审查委员会，并向产业工会全国代表大会或者委员会全体会议报告工作。产业工会全国委员会常务委员会由主席一人、副主席若干人、常务委员若干人组成。

第四章　地 方 组 织

第二十二条　省、自治区、直辖市，设区的市和自治州，县（旗）、自治县、不设区的市的工会代表大会，由同级总工会委员会召集，每五年举行一次。在特殊情况下，由同级总工会委员会提议，经上一级工会批准，可以提前或者延期举行。工会的地方各级代表大会的职权是：

（一）审议和批准同级总工会委员会的工作报告。

（二）审议和批准同级总工会委员会的经费收支情况报告和经费审查委员会的工作报告。

（三）选举同级总工会委员会和经费审查委员会。

各级地方总工会委员会，在代表大会闭会期间，执行上级工会的决定和同级工会代表大会的决议，领导本地区的工会工作，定期向上级总工会委员会报告工作。

根据工作需要，省、自治区总工会可在地区设派出代表机关。直辖市和设区的市总工会在区一级建立总工会。

县和城市的区可在乡镇和街道建立乡镇工会和街道工会组织，具备条件的，建立总工会。

第二十三条 各级地方总工会委员会选举主席一人、副主席若干人、常务委员若干人，组成常务委员会。工会委员会、常务委员会和主席、副主席以及经费审查委员会的选举结果，报上一级总工会批准。

各级地方总工会委员会全体会议，每年至少举行一次，由常务委员会召集。各级地方总工会常务委员会，在委员会全体会议闭会期间，行使委员会的职权。

第二十四条 各级地方产业工会组织的设置，由同级地方总工会根据本地区的实际情况确定。

第五章 基层组织

第二十五条 企业、事业单位、机关、社会组织等基层单位，应当依法建立工会组织。社区和行政村可以建立工会组织。从实际出发，建立区域性、行业性工会联合会，推进新经济组织、新社会组织工会组织建设。

有会员二十五人以上的，应当成立基层工会委员会；不足二十五人的，可以单独建立基层工会委员会，也可以由两个以上单位的会员联合建立基层工会委员会，也可以选举组织员或者工会主席一人，主持基层工会工作。基层工会委员会有女会员十人以上的建立女职工委员会，不足十人的设女职工委员。

职工二百人以上企业、事业单位、社会组织的工会设专职工会主席。工会专职工作人员的人数由工会与企业、事业单位、社会组织协商确定。

基层工会组织具备民法典规定的法人条件的，依法取得社会团体法人资格，工会主席为法定代表人。

第二十六条　基层工会会员大会或者会员代表大会，每年至少召开一次。经基层工会委员会或者三分之一以上的工会会员提议，可以临时召开会员大会或者会员代表大会。工会会员在一百人以下的基层工会应当召开会员大会。

工会会员大会或者会员代表大会的职权是：

（一）审议和批准基层工会委员会的工作报告。

（二）审议和批准基层工会委员会的经费收支情况报告和经费审查委员会的工作报告。

（三）选举基层工会委员会和经费审查委员会。

（四）撤换或者罢免其所选举的代表或者工会委员会组成人员。

（五）讨论决定工会工作的重大问题。

基层工会委员会和经费审查委员会每届任期三年或者五年，具体任期由会员大会或者会员代表大会决定。任期届满，应当如期召开会议，进行换届选举。在特殊情况下，经上一级工会批准，可以提前或者延期举行。

会员代表大会的代表实行常任制，任期与本单位工会委员会相同。

第二十七条 基层工会委员会的委员，应当在会员或者会员代表充分酝酿协商的基础上选举产生；主席、副主席，可以由会员大会或者会员代表大会直接选举产生，也可以由基层工会委员会选举产生。大型企业、事业单位的工会委员会，根据工作需要，经上级工会委员会批准，可以设立常务委员会。基层工会委员会、常务委员会和主席、副主席以及经费审查委员会的选举结果，报上一级工会批准。

第二十八条 基层工会委员会的基本任务是：

（一）执行会员大会或者会员代表大会的决议和上级工会的决定，主持基层工会的日常工作。

（二）代表和组织职工依照法律规定，通过职工代表大会、厂务公开和其他形式，参与本单位民主选举、民主协商、民主决策、民主管理和民主监督，保障职工知情权、参与权、表达权和监督权，在公司制企业落实职工董事、职工监事制度。企业、事业单位工会委员会是职工代表大会工作机构，负责职工代表大会的日常工作，检查、督促职工代表大会决议的执行。

（三）参与协调劳动关系和调解劳动争议，与企业、事业单位、社会组织行政方面建立协商制度，协商解决涉及职工切身利益问题。帮助和指导职工与企业、事业单位、社会组织行政方面签订和履行劳动合同，代表职工与企业、事业单位、社会组织行政方面签订集体合同或者其他专项协议，并监督执行。

（四）组织职工开展劳动和技能竞赛、合理化建议、技能培训、技术革新和技术协作等活动，培育工匠、高技能人才，总结推广先进经验。做好劳动模范和先进生产（工作）者的评选、表彰、培养和管理服务工作。

（五）加强对职工的政治引领和思想教育，开展法治宣传教育，重视人文关怀和心理疏导，鼓励支持职工学习文化科学技术和管理知识，开展健康的文化体育活动。推进企业文化职工文化建设，办好工会文化、教育、体育事业。

（六）监督有关法律、法规的贯彻执行。协助和督促行政方面做好工资、安全生产、职业病防治和社会保险等方面的工作，推动落实职工福利待遇。办好职工集体福利事业，改善职工生活，对困难职工开展帮扶。依法参与生产安全事故和职业病危害事故的调查处理。

（七）维护女职工的特殊权益，同歧视、虐待、摧残、迫害女职工的现象作斗争。

（八）搞好工会组织建设，健全民主制度和民主生活。

建立和发展工会积极分子队伍。做好会员的发展、接收、教育和会籍管理工作。加强职工之家建设。

（九）收好、管好、用好工会经费，管理好工会资产和工会的企业、事业。

第二十九条 教育、科研、文化、卫生、体育等事业单位和机关工会，从脑力劳动者比较集中的特点出发开展工作，积极了解和关心职工的思想、工作和生活，推动党的知识分子政策的贯彻落实。组织职工搞好本单位的民主选举、民主协商、民主决策、民主管理和民主监督，为发挥职工的聪明才智创造良好的条件。

第三十条 基层工会委员会根据工作需要，可以在分厂、车间（科室）建立分厂、车间（科室）工会委员会。分厂、车间（科室）工会委员会由分厂、车间（科室）会员大会或者会员代表大会选举产生，任期和基层工会委员会相同。

基层工会委员会和分厂、车间（科室）工会委员会，可以根据需要设若干专门委员会或者专门小组。

按照生产（行政）班组建立工会小组，民主选举工会小组长，积极开展工会小组活动。

第六章 工 会 干 部

第三十一条 各级工会组织按照革命化、年轻化、知识化、专业化的要求，落实新时代好干部标准，努力建设一支坚持党的基本路线，熟悉本职业务，热爱工会工作，受到职工信赖的干部队伍。

第三十二条 工会干部要努力做到：

（一）认真学习马克思列宁主义、毛泽东思想、邓小平理论、“三个代表”重要思想、科学发展观、习近平新时代中国特色社会主义思想，学习党的基本知识和党的历史，学习政治、经济、历史、文化、法律、科技和工会业务等知识，提高政治能力、思维能力、实践能力，增强推动高质量发展本领、服务群众本领、防范化解风险本领。

（二）执行党的基本路线和各项方针政策，遵守国家法律、法规，在改革开放和社会主义现代化建设中勇于开拓创新。

（三）信念坚定，忠于职守，勤奋工作，敢于担当，廉洁奉公，顾全大局，维护团结。

（四）坚持实事求是，认真调查研究，如实反映职工的意见、愿望和要求。

（五）坚持原则，不谋私利，热心为职工说话办事，依法维护职工的合法权益。

（六）作风民主，联系群众，增强群众意识和群众感情，自觉接受职工群众的批评和监督。

第三十三条 各级工会组织根据有关规定管理工会干

部，重视发现培养和选拔优秀年轻干部、女干部、少数民族干部，成为培养干部的重要基地。

基层工会主席、副主席任期未满不得随意调动其工作。因工作需要调动时，应事先征得本级工会委员会和上一级工会同意。

县和县以上工会可以为基层工会选派、聘用社会化工会工作者等工作人员。

第三十四条 各级工会组织建立与健全干部培训制度。办好工会干部院校和各种培训班。

第三十五条 各级工会组织关心工会干部的思想、学习和生活，督促落实相应的待遇，支持他们的工作，坚决同打击报复工会干部的行为作斗争。

县和县以上工会设立工会干部权益保障金，保障工会干部依法履行职责。

第七章 工会经费和资产

第三十六条 工会经费的来源：

（一）会员交纳的会费。

（二）企业、事业单位、机关、社会组织按全部职工工资总额的百分之二向工会拨缴的经费或者建会筹备金。

（三）工会所属的企业、事业单位上缴的收入。

（四）人民政府和企业、事业单位、机关、社会组织的补助。

（五）其他收入。

第三十七条　工会经费主要用于为职工服务和开展工会活动。各级工会组织应坚持正确使用方向，加强预算管理，优化支出结构，开展监督检查。

第三十八条　县和县以上各级工会应当与税务、财政等有关部门合作，依照规定做好工会经费收缴和应当由财政负担的工会经费拨缴工作。

未成立工会的企业、事业单位、机关、社会组织，按工资总额的百分之二向上级工会拨缴工会建会筹备金。

具备社会团体法人资格的工会应当依法设立独立经费账户。

第三十九条　工会资产是社会团体资产，中华全国总工会对各级工会的资产拥有终极所有权。各级工会依法依规加强对工会资产的监督、管理，保护工会资产不受损害，促进工会资产保值增值。根据经费独立原则，建立预算、决算、资产监管和经费审查监督制度。实行“统一领导、分级管理”的财务体制、“统一所有、分级监管、单位使用”的资产监管体制和“统一领导、分级管理、分级负责、下审一级”的经费审查监督体制。工会经费、资产的管理和使用办法以及工会经费审查监督制度，由中华全国总工会制定。

第四十条 各级工会委员会按照规定编制和审批预算、决算，定期向会员大会或者会员代表大会和上一级工会委员会报告经费收支和资产管理情况，接受上级和同级工会经费审查委员会审查监督。

第四十一条 工会经费、资产和国家及企业、事业单位等拨给工会的不动产和拨付资金形成的资产受法律保护，任何单位和个人不得侵占、挪用和任意调拨；不经批准，不得改变工会所属企业、事业单位的隶属关系和产权关系。

工会组织合并，其经费资产归合并后的工会所有；工会组织撤销或者解散，其经费资产由上级工会处置。

第八章 会 徽

第四十二条 中国工会会徽，选用汉字“中”、“工”两字，经艺术造型呈圆形重叠组成，并在两字外加一圆线，象征中国工会和中国工人阶级的团结统一。会徽的制作标准，由中华全国总工会规定。

第四十三条 中国工会会徽，可在工会办公地点、活动场所、会议会场悬挂，可作为纪念品、办公用品上的工会标志，也可以作为徽章佩戴。

第九章 附 则

第四十四条 本章程解释权属于中华全国总工会。

劳动保障监察条例

（2004 年 11 月 1 日中华人民共和国国务院令第 423 号公布）

第一章　总　　则

第一条　为了贯彻实施劳动和社会保障（以下称劳动保障）法律、法规和规章，规范劳动保障监察工作，维护劳动者的合法权益，根据劳动法和有关法律，制定本条例。

第二条　对企业和个体工商户（以下称用人单位）进行劳动保障监察，适用本条例。

对职业介绍机构、职业技能培训机构和职业技能考核鉴定机构进行劳动保障监察，依照本条例执行。

第三条　国务院劳动保障行政部门主管全国的劳动保障监察工作。县级以上地方各级人民政府劳动保障行政部门主管本行政区域内的劳动保障监察工作。

县级以上各级人民政府有关部门根据各自职责，支持、协助劳动保障行政部门的劳动保障监察工作。

第四条　县级、设区的市级人民政府劳动保障行政部门可以委托符合监察执法条件的组织实施劳动保障监察。

劳动保障行政部门和受委托实施劳动保障监察的组织中的劳动保障监察员应当经过相应的考核或者考试录用。

劳动保障监察证件由国务院劳动保障行政部门监制。

第五条 县级以上地方各级人民政府应当加强劳动保障监察工作。劳动保障监察所需经费列入本级财政预算。

第六条 用人单位应当遵守劳动保障法律、法规和规章，接受并配合劳动保障监察。

第七条 各级工会依法维护劳动者的合法权益，对用人单位遵守劳动保障法律、法规和规章的情况进行监督。

劳动保障行政部门在劳动保障监察工作中应当注意听取工会组织的意见和建议。

第八条 劳动保障监察遵循公正、公开、高效、便民的原则。

实施劳动保障监察，坚持教育与处罚相结合，接受社会监督。

第九条 任何组织或者个人对违反劳动保障法律、法规或者规章的行为，有权向劳动保障行政部门举报。

劳动者认为用人单位侵犯其劳动保障合法权益的，有权向劳动保障行政部门投诉。

劳动保障行政部门应当为举报人保密；对举报属实，为查处重大违反劳动保障法律、法规或者规章的行为提供主要线索和证据的举报人，给予奖励。

第二章　劳动保障监察职责

第十条　劳动保障行政部门实施劳动保障监察，履行下列职责：

（一）宣传劳动保障法律、法规和规章，督促用人单位贯彻执行；

（二）检查用人单位遵守劳动保障法律、法规和规章的情况；

（三）受理对违反劳动保障法律、法规或者规章的行为的举报、投诉；

（四）依法纠正和查处违反劳动保障法律、法规或者规章的行为。

第十一条　劳动保障行政部门对下列事项实施劳动保障监察：

（一）用人单位制定内部劳动保障规章制度的情况；

（二）用人单位与劳动者订立劳动合同的情况；

（三）用人单位遵守禁止使用童工规定的情况；

（四）用人单位遵守女职工和未成年工特殊劳动保护规定的情况；

（五）用人单位遵守工作时间和休息休假规定的情况；

（六）用人单位支付劳动者工资和执行最低工资标准

的情况；

（七）用人单位参加各项社会保险和缴纳社会保险费的情况；

（八）职业介绍机构、职业技能培训机构和职业技能考核鉴定机构遵守国家有关职业介绍、职业技能培训和职业技能考核鉴定的规定的情况；

（九）法律、法规规定的其他劳动保障监察事项。

第十二条 劳动保障监察员依法履行劳动保障监察职责，受法律保护。

劳动保障监察员应当忠于职守，秉公执法，勤政廉洁，保守秘密。

任何组织或者个人对劳动保障监察员的违法违纪行为，有权向劳动保障行政部门或者有关机关检举、控告。

第三章 劳动保障监察的实施

第十三条 对用人单位的劳动保障监察，由用人单位用工所在地的县级或者设区的市级劳动保障行政部门管辖。

上级劳动保障行政部门根据工作需要，可以调查处理下级劳动保障行政部门管辖的案件。劳动保障行政部门对劳动保障监察管辖发生争议的，报请共同的上一级劳动保障行政部门指定管辖。

省、自治区、直辖市人民政府可以对劳动保障监察的管辖制定具体办法。

第十四条　劳动保障监察以日常巡视检查、审查用人单位按照要求报送的书面材料以及接受举报投诉等形式进行。

劳动保障行政部门认为用人单位有违反劳动保障法律、法规或者规章的行为，需要进行调查处理的，应当及时立案。

劳动保障行政部门或者受委托实施劳动保障监察的组织应当设立举报、投诉信箱和电话。

对因违反劳动保障法律、法规或者规章的行为引起的群体性事件，劳动保障行政部门应当根据应急预案，迅速会同有关部门处理。

第十五条　劳动保障行政部门实施劳动保障监察，有权采取下列调查、检查措施：

（一）进入用人单位的劳动场所进行检查；

（二）就调查、检查事项询问有关人员；

（三）要求用人单位提供与调查、检查事项相关的文件资料，并作出解释和说明，必要时可以发出调查询问书；

（四）采取记录、录音、录像、照相或者复制等方式收集有关情况和资料；

（五）委托会计师事务所对用人单位工资支付、缴纳社会保险费的情况进行审计；

（六）法律、法规规定可以由劳动保障行政部门采取的其他调查、检查措施。

劳动保障行政部门对事实清楚、证据确凿、可以当场处理的违反劳动保障法律、法规或者规章的行为有权当场予以纠正。

第十六条 劳动保障监察员进行调查、检查，不得少于 2 人，并应当佩戴劳动保障监察标志、出示劳动保障监察证件。

劳动保障监察员办理的劳动保障监察事项与本人或者其近亲属有直接利害关系的，应当回避。

第十七条 劳动保障行政部门对违反劳动保障法律、法规或者规章的行为的调查，应当自立案之日起 60 个工作日内完成；对情况复杂的，经劳动保障行政部门负责人批准，可以延长 30 个工作日。

第十八条 劳动保障行政部门对违反劳动保障法律、法规或者规章的行为，根据调查、检查的结果，作出以下处理：

（一）对依法应当受到行政处罚的，依法作出行政处罚决定；

（二）对应当改正未改正的，依法责令改正或者作出相应的行政处理决定；

（三）对情节轻微且已改正的，撤销立案。

发现违法案件不属于劳动保障监察事项的，应当及时移送有关部门处理；涉嫌犯罪的，应当依法移送司法机关。

第十九条 劳动保障行政部门对违反劳动保障法律、法规或者规章的行为作出行政处罚或者行政处理决定前，应当听取用人单位的陈述、申辩；作出行政处罚或者行政处理决定，应当告知用人单位依法享有申请行政复议或者提起行政诉讼的权利。

第二十条 违反劳动保障法律、法规或者规章的行为在 2 年内未被劳动保障行政部门发现，也未被举报、投诉的，劳动保障行政部门不再查处。

前款规定的期限，自违反劳动保障法律、法规或者规章的行为发生之日起计算；违反劳动保障法律、法规或者规章的行为有连续或者继续状态的，自行为终了之日起计算。

第二十一条 用人单位违反劳动保障法律、法规或者规章，对劳动者造成损害的，依法承担赔偿责任。劳动者与用人单位就赔偿发生争议的，依照国家有关劳动争议处理的规定处理。

对应当通过劳动争议处理程序解决的事项或者已经按

照劳动争议处理程序申请调解、仲裁或者已经提起诉讼的事项，劳动保障行政部门应当告知投诉人依照劳动争议处理或者诉讼的程序办理。

第二十二条 劳动保障行政部门应当建立用人单位劳动保障守法诚信档案。用人单位有重大违反劳动保障法律、法规或者规章的行为的，由有关的劳动保障行政部门向社会公布。

第四章 法律责任

第二十三条 用人单位有下列行为之一的，由劳动保障行政部门责令改正，按照受侵害的劳动者每人 1000 元以上 5000 元以下的标准计算，处以罚款：

（一）安排女职工从事矿山井下劳动、国家规定的第四级体力劳动强度的劳动或者其他禁忌从事的劳动的；

（二）安排女职工在经期从事高处、低温、冷水作业或者国家规定的第三级体力劳动强度的劳动的；

（三）安排女职工在怀孕期间从事国家规定的第三级体力劳动强度的劳动或者孕期禁忌从事的劳动的；

（四）安排怀孕 7 个月以上的女职工夜班劳动或者延长其工作时间的；

（五）女职工生育享受产假少于 90 天的；

（六）安排女职工在哺乳未满 1 周岁的婴儿期间从事

国家规定的第三级体力劳动强度的劳动或者哺乳期禁忌从事的其他劳动，以及延长其工作时间或者安排其夜班劳动的；

（七）安排未成年工从事矿山井下、有毒有害、国家规定的第四级体力劳动强度的劳动或者其他禁忌从事的劳动的；

（八）未对未成年工定期进行健康检查的。

第二十四条　用人单位与劳动者建立劳动关系不依法订立劳动合同的，由劳动保障行政部门责令改正。

第二十五条　用人单位违反劳动保障法律、法规或者规章延长劳动者工作时间的，由劳动保障行政部门给予警告，责令限期改正，并可以按照受侵害的劳动者每人 100 元以上 500 元以下的标准计算，处以罚款。

第二十六条　用人单位有下列行为之一的，由劳动保障行政部门分别责令限期支付劳动者的工资报酬、劳动者工资低于当地最低工资标准的差额或者解除劳动合同的经济补偿；逾期不支付的，责令用人单位按照应付金额 50% 以上 1 倍以下的标准计算，向劳动者加付赔偿金：

（一）克扣或者无故拖欠劳动者工资报酬的；

（二）支付劳动者的工资低于当地最低工资标准的；

（三）解除劳动合同未依法给予劳动者经济补偿的。

第二十七条　用人单位向社会保险经办机构申报应缴

纳的社会保险费数额时，瞒报工资总额或者职工人数的，由劳动保障行政部门责令改正，并处瞒报工资数额1倍以上3倍以下的罚款。

骗取社会保险待遇或者骗取社会保险基金支出的，由劳动保障行政部门责令退还，并处骗取金额1倍以上3倍以下的罚款；构成犯罪的，依法追究刑事责任。

第二十八条 职业介绍机构、职业技能培训机构或者职业技能考核鉴定机构违反国家有关职业介绍、职业技能培训或者职业技能考核鉴定的规定的，由劳动保障行政部门责令改正，没收违法所得，并处1万元以上5万元以下的罚款；情节严重的，吊销许可证。

未经劳动保障行政部门许可，从事职业介绍、职业技能培训或者职业技能考核鉴定的组织或者个人，由劳动保障行政部门、工商行政管理部门依照国家有关无照经营查处取缔的规定查处取缔。

第二十九条 用人单位违反《中华人民共和国工会法》，有下列行为之一的，由劳动保障行政部门责令改正：

（一）阻挠劳动者依法参加和组织工会，或者阻挠上级工会帮助、指导劳动者筹建工会的；

（二）无正当理由调动依法履行职责的工会工作人员的工作岗位，进行打击报复的；

（三）劳动者因参加工会活动而被解除劳动合同的；

（四）工会工作人员因依法履行职责被解除劳动合同的。

第三十条　有下列行为之一的，由劳动保障行政部门责令改正；对有第（一）项、第（二）项或者第（三）项规定的行为的，处 2000 元以上 2 万元以下的罚款：

（一）无理抗拒、阻挠劳动保障行政部门依照本条例的规定实施劳动保障监察的；

（二）不按照劳动保障行政部门的要求报送书面材料，隐瞒事实真相，出具伪证或者隐匿、毁灭证据的；

（三）经劳动保障行政部门责令改正拒不改正，或者拒不履行劳动保障行政部门的行政处理决定的；

（四）打击报复举报人、投诉人的。

违反前款规定，构成违反治安管理行为的，由公安机关依法给予治安管理处罚；构成犯罪的，依法追究刑事责任。

第三十一条　劳动保障监察员滥用职权、玩忽职守、徇私舞弊或者泄露在履行职责过程中知悉的商业秘密的，依法给予行政处分；构成犯罪的，依法追究刑事责任。

劳动保障行政部门和劳动保障监察员违法行使职权，侵犯用人单位或者劳动者的合法权益的，依法承担赔偿责任。

第三十二条　属于本条例规定的劳动保障监察事项，

法律、其他行政法规对处罚另有规定的，从其规定。

第五章　附　　则

第三十三条　对无营业执照或者已被依法吊销营业执照，有劳动用工行为的，由劳动保障行政部门依照本条例实施劳动保障监察，并及时通报工商行政管理部门予以查处取缔。

第三十四条　国家机关、事业单位、社会团体执行劳动保障法律、法规和规章的情况，由劳动保障行政部门根据其职责，依照本条例实施劳动保障监察。

第三十五条　劳动安全卫生的监督检查，由卫生部门、安全生产监督管理部门、特种设备安全监督管理部门等有关部门依照有关法律、行政法规的规定执行。

第三十六条　本条例自 2004 年 12 月 1 日起施行。

人力资源社会保障部关于实施《劳动保障监察条例》若干规定

（2022 年 1 月 7 日中华人民共和国劳动和社会保障部令第 47 号公布）

第一章　总　　则

第一条　为了实施《劳动保障监察条例》，规范劳动保障监察行为，制定本规定。

第二条　劳动保障行政部门及所属劳动保障监察机构对企业和个体工商户（以下称用人单位）遵守劳动保障法律、法规和规章（以下简称劳动保障法律）的情况进行监察，适用本规定；对职业介绍机构、职业技能培训机构和职业技能考核鉴定机构进行劳动保障监察，依照本规定执行；对国家机关、事业单位、社会团体执行劳动保障法律情况进行劳动保障监察，根据劳动保障行政部门的职责，依照本规定执行。

第三条　劳动保障监察遵循公正、公开、高效、便民的原则。

实施劳动保障行政处罚坚持以事实为依据，以法律为准绳，坚持教育与处罚相结合，接受社会监督。

第四条 劳动保障监察实行回避制度。

第五条 县级以上劳动保障行政部门设立的劳动保障监察行政机构和劳动保障行政部门依法委托实施劳动保障监察的组织（以下统称劳动保障监察机构）具体负责劳动保障监察管理工作。

第二章 一 般 规 定

第六条 劳动保障行政部门对用人单位及其劳动场所的日常巡视检查，应当制定年度计划和中长期规划，确定重点检查范围，并按照现场检查的规定进行。

第七条 劳动保障行政部门对用人单位按照要求报送的有关遵守劳动保障法律情况的书面材料应进行审查，并对审查中发现的问题及时予以纠正和查处。

第八条 劳动保障行政部门可以针对劳动保障法律实施中存在的重点问题集中组织专项检查活动，必要时，可以联合有关部门或组织共同进行。

第九条 劳动保障行政部门应当设立举报、投诉信箱，公开举报、投诉电话，依法查处举报和投诉反映的违反劳动保障法律的行为。

第三章　受理与立案

第十条　任何组织或个人对违反劳动保障法律的行为，有权向劳动保障行政部门举报。

第十一条　劳动保障行政部门对举报人反映的违反劳动保障法律的行为应当依法予以查处，并为举报人保密；对举报属实，为查处重大违反劳动保障法律的行为提供主要线索和证据的举报人，给予奖励。

第十二条　劳动者对用人单位违反劳动保障法律、侵犯其合法权益的行为，有权向劳动保障行政部门投诉。对因同一事由引起的集体投诉，投诉人可推荐代表投诉。

第十三条　投诉应当由投诉人向劳动保障行政部门递交投诉文书。书写投诉文书确有困难的，可以口头投诉，由劳动保障监察机构进行笔录，并由投诉人签字。

第十四条　投诉文书应当载明下列事项：

（一）投诉人的姓名、性别、年龄、职业、工作单位、住所和联系方式，被投诉用人单位的名称、住所、法定代表人或者主要负责人的姓名、职务；

（二）劳动保障合法权益受到侵害的事实和投诉请求事项。

第十五条　有下列情形之一的投诉，劳动保障行政部门应当告知投诉人依照劳动争议处理或者诉讼程序办理：

（一）应当通过劳动争议处理程序解决的；

（二）已经按照劳动争议处理程序申请调解、仲裁的；

（三）已经提起劳动争议诉讼的。

第十六条 下列因用人单位违反劳动保障法律行为对劳动者造成损害，劳动者与用人单位就赔偿发生争议的，依照国家有关劳动争议处理的规定处理：

（一）因用人单位制定的劳动规章制度违反法律、法规规定，对劳动者造成损害的；

（二）因用人单位违反对女职工和未成年工的保护规定，对女职工和未成年工造成损害的；

（三）因用人单位原因订立无效合同，对劳动者造成损害的；

（四）因用人单位违法解除劳动合同或者故意拖延不订立劳动合同，对劳动者造成损害的；

（五）法律、法规和规章规定的其他因用人单位违反劳动保障法律的行为，对劳动者造成损害的。

第十七条 劳动者或者用人单位与社会保险经办机构发生的社会保险行政争议，按照《社会保险行政争议处理办法》处理。

第十八条 对符合下列条件的投诉，劳动保障行政部门应当在接到投诉之日起 5 个工作日内依法受理，并于受理之日立案查处：

（一）违反劳动保障法律的行为发生在两年内的；

（二）有明确的被投诉用人单位，且投诉人的合法权益受到侵害是被投诉用人单位违反劳动保障法律的行为所造成的；

（三）属于劳动保障监察职权范围并由受理投诉的劳动保障行政部门管辖。

对不符合第一款第（一）项规定的投诉，劳动保障行政部门应当在接到投诉之日起 5 个工作日内决定不予受理，并书面通知投诉人。

对不符合第一款第（二）项规定的投诉，劳动保障监察机构应当告知投诉人补正投诉材料。

对不符合第一款第（三）项规定的投诉，即对不属于劳动保障监察职权范围的投诉，劳动保障监察机构应当告诉投诉人；对属于劳动保障监察职权范围但不属于受理投诉的劳动保障行政部门管辖的投诉，应当告知投诉人向有关劳动保障行政部门提出。

第十九条　劳动保障行政部门通过日常巡视检查、书面审查、举报等发现用人单位有违反劳动保障法律的行为，需要进行调查处理的，应当及时立案查处。

立案应当填写立案审批表，报劳动保障监察机构负责人审查批准。劳动保障监察机构负责人批准之日即为立案之日。

第四章　调查与检查

第二十条　劳动保障监察员进行调查、检查不得少于两人。

劳动保障监察机构应指定其中 1 名为主办劳动保障监察员。

第二十一条　劳动保障监察员对用人单位遵守劳动保障法律情况进行监察时，应当遵循以下规定：

（一）进入用人单位时，应佩戴劳动保障监察执法标志，出示劳动保障监察证件，并说明身份；

（二）就调查事项制作笔录，应由劳动保障监察员和被调查人（或其委托代理人）签名或盖章。被调查人拒不签名、盖章的，应注明拒签情况。

第二十二条　劳动保障监察员进行调查、检查时，承担下列义务：

（一）依法履行职责，秉公执法；

（二）保守在履行职责过程中获知的商业秘密；

（三）为举报人保密。

第二十三条　劳动保障监察员在实施劳动保障监察时，有下列情形之一的，应当回避：

（一）本人是用人单位法定代表人或主要负责人的近亲属的；

（二）本人或其近亲属与承办查处的案件事项有直接利害关系的；

（三）因其他原因可能影响案件公正处理的。

第二十四条　当事人认为劳动保障监察员符合本规定第二十三条规定应当回避的，有权向劳动保障行政部门申请，要求其回避。当事人申请劳动保障监察员回避，应当采用书面形式。

第二十五条　劳动保障行政部门应当在收到回避申请之日起3个工作日内依法审查，并由劳动保障行政部门负责人作出回避决定。决定作出前，不停止实施劳动保障监察。回避决定应当告知申请人。

第二十六条　劳动保障行政部门实施劳动保障监察，有权采取下列措施：

（一）进入用人单位的劳动场所进行检查；

（二）就调查、检查事项询问有关人员；

（三）要求用人单位提供与调查、检查事项相关的文件资料，必要时可以发出调查询问书；

（四）采取记录、录音、录像、照像和复制等方式收集有关的情况和资料；

（五）对事实确凿、可以当场处理的违反劳动保障法律、法规或规章的行为当场予以纠正；

（六）可以委托注册会计师事务所对用人单位工资支

付、缴纳社会保险费的情况进行审计；

（七）法律、法规规定可以由劳动保障行政部门采取的其他调查、检查措施。

第二十七条 劳动保障行政部门调查、检查时，有下列情形之一的可以采取证据登记保存措施：

（一）当事人可能对证据采取伪造、变造、毁灭行为的；

（二）当事人采取措施不当可能导致证据灭失的；

（三）不采取证据登记保存措施以后难以取得的；

（四）其他可能导致证据灭失的情形的。

第二十八条 采取证据登记保存措施应当按照下列程序进行：

（一）劳动保障监察机构根据本规定第二十七条的规定，提出证据登记保存申请，报劳动保障行政部门负责人批准；

（二）劳动保障监察员将证据登记保存通知书及证据登记清单交付当事人，由当事人签收。当事人拒不签名或者盖章的，由劳动保障监察员注明情况；

（三）采取证据登记保存措施后，劳动保障行政部门应当在 7 日内及时作出处理决定，期限届满后应当解除证据登记保存措施。

在证据登记保存期内，当事人或者有关人员不得销毁或者转移证据；劳动保障监察机构及劳动保障监察员可以随时调取证据。

第二十九条　劳动保障行政部门在实施劳动保障监察中涉及异地调查取证的，可以委托当地劳动保障行政部门协助调查。受委托方的协助调查应在双方商定的时间内完成。

第三十条　劳动保障行政部门对违反劳动保障法律的行为的调查，应当自立案之日起 60 个工作日内完成；情况复杂的，经劳动保障行政部门负责人批准，可以延长 30 个工作日。

第五章　案 件 处 理

第三十一条　对用人单位存在的违反劳动保障法律的行为事实确凿并有法定处罚（处理）依据的，可以当场作出限期整改指令或依法当场作出行政处罚决定。

当场作出限期整改指令或行政处罚决定的，劳动保障监察员应当填写预定格式、编有号码的限期整改指令书或行政处罚决定书，当场交付当事人。

第三十二条　当场处以警告或罚款处罚的，应当按照下列程序进行：

（一）口头告知当事人违法行为的基本事实、拟作出的行政处罚、依据及其依法享有的权利；

（二）听取当事人的陈述和申辩；

（三）填写预定格式的处罚决定书；

（四）当场处罚决定书应当由劳动保障监察员签名或者盖章；

（五）将处罚决定书当场交付当事人，由当事人签收。

劳动保障监察员应当在两日内将当场限期整改指令和行政处罚决定书存档联交所属劳动保障行政部门存档。

第三十三条 对不能当场作出处理的违法案件，劳动保障监察员经调查取证，应当提出初步处理建议，并填写案件处理报批表。

案件处理报批表应写明被处理单位名称、案由、违反劳动保障法律行为事实、被处理单位的陈述、处理依据、建议处理意见。

第三十四条 对违反劳动保障法律的行为作出行政处罚或者行政处理决定前，应当告知用人单位，听取其陈述和申辩；法律、法规规定应当依法听证的，应当告知用人单位有权依法要求举行听证；用人单位要求听证的，劳动保障行政部门应当组织听证。

第三十五条 劳动保障行政部门对违反劳动保障法律的行为，根据调查、检查的结果，作出以下处理：

（一）对依法应当受到行政处罚的，依法作出行政处罚决定；

（二）对应当改正未改正的，依法责令改正或者作出相应的行政处理决定；

（三）对情节轻微，且已改正的，撤销立案。

经调查、检查，劳动保障行政部门认定违法事实不能成立的，也应当撤销立案。

发现违法案件不属于劳动保障监察事项的，应当及时移送有部门处理；涉嫌犯罪的，应当依法移送司法机关。

第三十六条 劳动保障监察行政处罚（处理）决定书应载明下列事项：

（一）被处罚（处理）单位名称、法定代表人、单位地址；

（二）劳动保障行政部门认定的违法事实和主要证据；

（三）劳动保障行政处罚（处理）的种类和依据；

（四）处罚（处理）决定的履行方式和期限；

（五）不服行政处罚（处理）决定，申请行政复议或者提起行政诉讼的途径和期限；

（六）作出处罚（处理）决定的行政机关名称和作出处罚（处理）决定的日期。

劳动保障行政处罚（处理）决定书应当加盖劳动保障行政部门印章。

第三十七条 劳动保障行政部门立案调查完成，应在 15 个工作日内作出行政处罚（行政处理或者责令改正）

或者撤销立案决定；特殊情况，经劳动保障行政部门负责人批准可以延长。

第三十八条 劳动保障监察限期整改指令书、劳动保障行政处理决定书、劳动保障行政处罚决定书应当在宣告后当场交付当事人；当事人不在场的，劳动保障行政部门应当在7日内依照《中华人民共和国民事诉讼法》的有关规定，将劳动保障监察限期整改指令书、劳动保障行政处理决定书、劳动保障行政处罚决定书送达当事人。

第三十九条 作出行政处罚、行政处理决定的劳动保障行政部门发现决定不适当的，应当予以纠正并及时告知当事人。

第四十条 劳动保障监察案件结案后应建立档案。档案资料应当至少保存3年。

第四十一条 劳动保障行政处理或处罚决定依法作出后，当事人应当在决定规定的期限内予以履行。

第四十二条 当事人对劳动保障行政处理或行政处罚决定不服申请行政复议或者提起行政诉讼的，行政处理或行政处罚决定不停止执行。法律另有规定的除外。

第四十三条 当事人确有经济困难，需要延期或者分期缴纳罚款的，经当事人申请和劳动保障行政部门批准，可以暂缓或者分期缴纳。

第四十四条 当事人对劳动保障行政部门作出的行政

处罚决定、责令支付劳动者工资报酬、赔偿金或者征缴社会保险费等行政处理决定逾期不履行的，劳动保障行政部门可以申请人民法院强制执行，或者依法强制执行。

第四十五条　除依法当场收缴的罚款外，作出罚款决定的劳动保障行政部门及其劳动保障监察员不得自行收缴罚款。当事人应当自收到行政处罚决定书之日起 15 日内，到指定银行缴纳罚款。

第四十六条　地方各级劳动保障行政部门应当按照劳动保障部有关规定对承办的案件进行统计并填表上报。

地方各级劳动保障行政部门制作的行政处罚决定书，应当在 10 个工作日内报送上一级劳动保障行政部门备案。

第六章　附　　则

第四十七条　对无营业执照或者已被依法吊销营业执照，有劳动用工行为的，由劳动保障行政部门依照本规定实施劳动保障监察。

第四十八条　本规定自 2005 年 2 月 1 日起施行。原《劳动监察规定》（劳部发〔1993〕167 号）、《劳动监察程序规定》（劳部发〔1995〕457 号）、《处理举报劳动违法行为规定》（劳动部令第 5 号，1996 年 12 月 17 日）同时废止。

劳动和社会保障部　中华全国总工会
关于加强劳动保障监察与工会劳动保障
法律监督相互协调配合工作的通知

（劳社部发〔2001〕18号　2001年11月13日）

各省、自治区、直辖市劳动和社会保障厅（局）、总工会：

《中华人民共和国劳动法》（以下简称《劳动法》）公布实施以来，各地、各有关部门和多数用人单位认真贯彻落实，劳动者的合法权益基本得到保障。但在一些地区和部分企业仍然存在着违反《劳动法》规定，侵害劳动者合法权益的现象。为加大劳动保障监察执法和工会劳动保障法律监督的力度，切实维护劳动者的合法权益，根据《劳动法》、《中华人民共和国工会法》，现就加强劳动保障监察与工会劳动保障法律监督协调配合工作，推进劳动保障法律监督制度建设的有关问题通知如下：

一、进一步加强劳动保障监察与工会劳动保障法律监督的协调配合工作。劳动保障监察是国家赋予劳动保障行政部门依法对用人单位遵守劳动保障法律法规情况进行监督检查，并对违法行为进行行政处理或行政处罚的行政执法活动。工会劳动保障法律监督是工会依法组织职工对劳动保障法律法规的贯彻实施情况进行的监督活动。这两者都是我国劳动保障法律监督体系的重要组成部分。在贯彻实施劳动保障法律法规的工作中，劳动保障行政部门和工会组织要认真履行各自的职责，同时要按照相互支持、相互协调、密切配合的原则，逐步建立相关的工作制度，形成优势互补的工作格局，推进劳动保障法律监督制度建设和工作开展。

二、建立情况通报制度和工作例会制度。县级以上劳动保障监察机构和工会劳动保障法律监督组织应定期召开联席会议或工作例会，通报工作情况，分析研究劳动保障法律法规贯彻实施中存在的问题，提出加强劳动保障法律监督工作的意见和具体措施。要做好信息的收集、分析和统计工作，加强信息交流，尤其要做好重大事件和重要信息的通报工作。

三、开展对职工合法权益重大问题的监督和调查研究。工会依法维护职工合法权益，对用人单位遵守劳动保障法律法规情况进行监督。劳动保障行政部门与工会组织可就贯彻实施劳动保障法律法规，维护职工合法权益问题共同开展调查研究，针对侵犯职工合法权益和影响社会稳定的问题，提出解决措施和建议。

四、建立案件处理反馈制度。县级以上工会劳动保障法律监督组织在开展劳动保障法律法规监督活动中，对用人单位违反劳动保障法律法规的行为，可提请有管辖权的劳动保障行政部门处理。劳动保障行政部门的监察机构应及时对工会反映的情况进行调查，并将处理结果反馈给工会劳动保障法律监督组织。

五、建立工会劳动保障法律监督员制度。地方各级劳动保障行政部门可以在同级工会组织中聘请劳动保障法律监督员。工会组织中被聘请的劳动保障法律监督员由县级以上劳动保障行政部门和工会组织培训，经考核合格后，由县级以上劳动保障行政部门、工会组织统一颁发证件。劳动保障法律监督员发现用人单位违反劳动保障法律法规的行为，应及时向其提出整改意见或建议，如用人单位拒不整改，劳动保障法律监督员应当向劳动保障监察机构和工会劳动保障法律监督组织报告。劳动保障行政部门对工会劳动保障法律监督员反映的违法问题应及时进行调查处理。

六、发挥企业工会劳动保障法律监督组织对本单位遵守劳动保障法律法规情况的监督作用。县级以上各级工会劳动保障法律监督委员会要加强对企业工会劳动保障法律监督委员会的工作指导，督促其对本企业遵守劳动保障法律法规情况进行经常性的监督。企业工会在工作中发现的问题，应及时向用人单位提出整改意见；对重大问题，应通过平等协商提出议案，经职工代表大会做出决议，并监督用人单位执行。企业分厂、车间和班组的工会劳动保障法律监督员应搞好日常监督，对在生产劳动过程中发现的违反劳动保障法律法规的现象和行为，应及时向企业工会劳动保障法律监督委员会报告。对重大问题，企业工会劳动保障法律监督组织应及时向上级工会和当地劳动保障行政部门报告，劳动保障行政部门应当认真查处。

七、各级劳动保障行政部门要进一步加大劳动保障监察执法力度。要继续加强劳动保障监察机构建设，充实人员，保证执法力量。劳动保障行政部门要严格执法，对侵犯劳动者合法权益的行为和责任者，必须严肃查处，把维护劳动者合法权益的工作落到实处。劳动保障行政部门在作出重大行政处罚决定前，应认真执行听证制度，充分听取当事人的意见，并根据案件审查需要，征求工会组织等有关方面的意见，确保劳动保障行政部门行政处罚决定的公正性。

八、各级劳动保障行政部门和工会组织要结合实际情况制定具体的措施和办法，建立和完善劳动保障法律监督体系，不断探索劳动保障监察与工会劳动保障法律监督协调配合开展工作的形式和途径，共同推进劳动保障法律法规的全面贯彻执行。

劳动和社会保障部办公厅关于规范聘请劳动保障法律监督员工作的通知

（劳社厅发〔2001〕7号　2001年12月5日）

各省、自治区、直辖市劳动和社会保障厅（局）：

为进一步贯彻实施劳动保障法律法规，加大劳动保障监察执法力度，加强与有关部门和群众组织的配合和协作，推进劳动保障法律监督制度建设，各级劳动保障行政部门可以根据工作需要从有关单位聘请劳动保障法律监督员。现就规范聘请劳动保障法律监督员工作的有关问题通知如下：

一、劳动保障法律监督员是指县级以上劳动保障行政部门，从有关政府部门和工会、妇联、共青团、新闻单位、企业等单位的工作人员、新闻工作者、劳资管理人员中，聘请对劳动保障法律法规贯彻实施情况进行监督的人员。各地劳动保障行政部门应当做好聘请劳动保障法律监督员的工作，充分发挥劳动保障法律监督员在宣传劳动保障法律知识和协助查处劳动保障违法行为等方面的重要作用。

二、劳动保障法律监督员必须具备的条件是：坚持四项基本原则，遵守宪法和法律；熟悉劳动保障法规政策和业务工作；遵守监督工作纪律，保守工作秘密；坚持原则，公道正派；经过劳动和社会保障部或省级劳动保障行政部门劳动保障法律与监察知识培训，并考试合格。

三、劳动保障法律监督员的主要职责是：宣传劳动保障法律法规和国家劳动保障政策；依法对各类用人单位和个人遵守劳动保障法律法规情况进行监督；反映、转递人民群众对违反劳动保障法律法规行为的检举、控告；反映人民群众对贯彻实施劳动保障法律法规和加强劳动保障监察执法工作的建议、意见和要求。

四、聘请劳动保障法律监督员应当由所在单位推荐人选，经县级以上劳动保障行政部门的劳动保障监察机构审核后，报劳动保障行政部门领导批准。经批准聘任的劳动保障法律监督员由劳动保障监察机构办理颁发劳动保障法律监督员证件手续。劳动保障法律监督员证由劳动和社会保障部统一监制。劳动保障法律监督员的聘任期限一般为三年；根据工作需要并征得本人及其所在单位同意，聘任期满并经考核合格后，可以续聘并换发新证。部分地方劳动保障行政部门过去以劳动保障协察员、助理劳动保障监察员等名义聘请的劳动保障法律监督人员，在今后续聘时应使用劳动保障法律监督员称谓，统一颁发劳动保障法律监督员证。

五、劳动保障行政部门劳动保障监察机构具体负责劳动保障法律监督员管理工作，主要内容是：根据工作需要召开劳动保障法律监督员座谈会，通报贯彻实施劳动保障法律法规情况；及时调查处理劳动保障法律监督员反映的违法问题，并向其通报调查处理结果；建立劳动保障法律监督员工作档案，定期考核和通报本人工作情况；加强对劳动保障法律监督员的培训，不断提高他们的政治素质和业务素质。

六、各级劳动保障行政部门要重视聘请劳动保障法律监督员的工作，把这项工作作为建立和完善劳动保障法律监督制度的重要工作来抓。加强与有关部门和工会、妇联、共青团组织的配合与协作，不断探索开展劳动保障法律监督的形式和途径，共同推进劳动保障法律法规的贯彻实施。

最高人民检察院 中华全国总工会
关于协同推进运用“一函两书”制度保障
劳动者权益工作的通知

（高检发办字〔2024〕27号 2024年2月7日）

各省、自治区、直辖市人民检察院、总工会：

为深入贯彻落实党的二十大精神和习近平总书记在同全国总工会新一届领导班子成员集体谈话时的重要讲话精神，牢牢把握新时代“枫桥经验”的科学内涵和实践要求，充分发挥检察机关与工会在维护劳动者合法权益、构建和谐劳动关系中协同作用，有效预防和化解劳动领域矛盾纠纷，及时纠正用工违法行为，特别是推动根治欠薪、违法安排超时加班等社会关注问题，切实维护好劳动者的合法权益，现就检察机关与工会协同推进运用“一函两书”制度保障劳动者权益等工作通知如下。

一、“一函两书”制度基本内涵

本通知所指“一函两书”制度，是工会及相关单位为提醒用人单位落实好劳动法律法规，或纠正其违法劳动用工行为而适用相关文书的制度简称。“一函”指的是劳动法律监督提示函，“两书”指的是劳动法律监督意见书和劳动法律监督建议书。“一函两书”制度重在源头预防，目的是通过协调协商方式将劳动关系矛盾纠纷化解在基层，化解在萌芽状态。

二、主要目标

发挥检察机关法律监督职能优势和工会在发现、排查劳动领域风险隐患中的第一道防线作用，立足预防、立足调解、立足法治、立足基层，落实“枫桥经验”关于预防在前、调解优先、运用法治、就地解决矛盾纠纷等要求，凝聚工作合力，进一步提高检察机关与工会的协作配合质效，健全工作机制，推动劳动法律法规贯彻执行，保障劳动者合法权益，推动构建和谐劳动关系，促进社会和谐稳定。

三、“一函两书”制度适用范围

（一）用人单位涉及职工利益的内部规章制度的制定、修改、执行情况；工资集体协商和集体合同制度的建立和执行情况；职工代表大会制度的建立和落实情况；

（二）劳动合同的订立、履行、变更、解除和终止情况；劳动报酬分配、调整、支付和社会保险、福利待遇的落实情况；工作时间、休息和休假制度的执行情况；

（三）安全生产、职业病防治等劳动安全卫生的执行情况；女职工、未成年工、残疾职工及老年劳动者特殊权益保护的情况；职工教育培训及其经费提取、使用的情况；

（四）劳务派遣单位和用工单位遵守劳动法律法规、保障被派遣人员合法权益的情况；

（五）用人单位违反《工会法》，阻挠劳动者参加和组织工会，或因工会工作人员依法履职进行打击报复、解除劳动合同等情况；

（六）法律法规规定的其他情况。

四、检察监督与“一函两书”衔接协作

（一）加强事前监督和风险提示

工会劳动法律监督委员会认为用人单位可能违反或者出现违反有关劳动法律法规情况时可以给予口头提示、沟通协商；必要时，发出《工会劳动法律监督提示函》。检察机关可就发现或掌握的劳动用工违法线索与工会及时会商，推动问题解决。工会在“两节”等重要时间节点，聚焦治理欠薪、违法安排超时加班等重点问题，可面向本地区相关用人单位公开发布《工会劳动法律监督提示函》。各级检察机关可结合法律监督职能，就办案中发现的重

点问题面向本地区发布相应法律风险提示或合规倡议，提醒、警示企业遵守相关劳动法律法规，推动企业依法合规健康发展。

（二）协同协作保护劳动者权益

按照“一函两书”制度要求，当用人单位存在违反劳动法律法规、侵害职工合法权益行为，与用人单位经提示、协商无效的，由该用人单位所在地县级以上总工会向用人单位发出《工会劳动法律监督意见书》，提出改正意见。涉及新就业形态劳动者和女性、未成年、残疾、老年劳动者等重点群体权益，或者涉及社保欠缴、拖欠农民工工资等群体性纠纷且用人单位不予配合的，县级以上总工会可同时将《工会劳动法律监督意见书》抄送同级检察机关，并移送相关线索材料，由检察机关依法启动法律监督程序，各级工会应当积极配合检察机关开展办案工作，通过个案办理推动类案监督促进综合治理，共同维护劳动者合法权益。检察机关在办理涉及劳动者权益保护的案件时，可以将相关法律文书抄送同级地方总工会，协同协作推进案件办理。

（三）促进依法行政

用人单位无正当理由未在规定期限内答复，或者无正当理由拒不改正的，地方总工会向同级政府执法部门发出《工会劳动法律监督建议书》，可同时抄送同级检察机关，并移送相关线索材料，由检察机关依法开展法律监督，支持工会代表劳动者提出的权益维护诉求。县级以上总工会可商请同级检察机关派员提前介入办理劳动者权益维护相关工作，推动依法解决社保欠缴、农民工工资拖欠等问题，加强对损害国家利益或者社会公共利益、严重损害劳动者合法权益、造成重大社会影响等违法行为的监督。对于某地区一定时期内违法用工案件多发、频发，或者已发生的案件暴露出明显的劳动用工管理监督漏洞，需要督促行业主管部门加强和改进管理监督工作的；或政府执法部门不依法及时履行职责，致使劳动者合法权益受到损害或者存在损害危险，需要及时整改消除等情形，检察机关可以向有关单位和部门提出检察建议。

五、工作要求

（一）加强组织领导。各级检察机关、工会要进一步提高认识，深入贯彻落实习近平法治思想，深刻领会党的二十大精神，以全面推行“一函两书”制度为抓手，立足工作实际，加强协作配合，形成上下联动、层层推进的工作格局，切实维护好劳动者合法权益，推动构建和谐劳动关系，服务经济高质量发展。

（二）落实目标责任。各级检察机关、工会应切实加强领导，主动组织实施，积极开展工作。定期进行分析，认真总结经验，及时发现问题，并将有关情况报各自上级主管单位。必要时，各级检察机关与工会可联合组织开展劳动法律监督专项执法检查行动。最高检与全国总工会每年对“一函两书”实施情况进行总结和通报，联合评选典型案例、优秀文书并宣传推广。各级工会要建立“一函两书”工作台账，工会发出的提示函、意见书、建议书应当一式两份，作好档案管理。

（三）加强沟通协作。各级工会要紧密结合自身职责，主动加强与当地检察机关及政府各相关部门的沟通协作，切实发挥好各方面积极性，形成合力，协调推进。各级检察机关、工会要坚持上下联动，加强上下业务交流，对落实中存在的问题及时研究、协调解决，有计划、有步骤地全面推行“一函两书”制度。按照重心下移、监督力量下沉要求，加强基层检察院和基层工会运用“一函两书”制度规范化建设。有条件的地方工会可先行先试，探索建立“一函两书”数据库，打通数据壁垒，让数据为劳动法律监督工作赋能。

各省级检察机关、总工会可以依据本意见，结合本地区实际制定实施细则。

中华全国总工会 最高人民法院关于协同推进“一函两书”工作的通知

（总工发〔2024〕7号 2024年3月26日）

各省、自治区、直辖市总工会、高级人民法院，解放军军事法院，新疆维吾尔自治区高级人民法院生产建设兵团分院：

为贯彻落实新时代“枫桥经验”实践要求，落实《最高人民法院 中华全国总工会工作交流会商会会议纪要》有关部署，有效预防和化解劳动领域矛盾纠纷，充分发挥工会与人民法院各自优势，增强“一函两书”落地效能，推动劳动纠纷诉源治理，现就工会与人民法院协同推进“一函两书”工作通知如下。

一、主要目标

以习近平新时代中国特色社会主义思想为指导，全面贯彻落实党的二十大精神，牢牢把握新时代“枫桥经验”的科学内涵和实践要求，通过协同推进“一函两书”工作，发挥工会贴近职工、贴近一线，在发现和掌握劳动领域风险隐患中的重要作用，立足人民法院专业优势，发挥能动司法作用，形成工作合力，进一步提高协作质效，健全工作机制，推动劳动法律法规贯彻执行，服务经济社会高质量发展。

二、基本内容

本通知中“一函两书”是指《工会劳动法律监督提示函》《工会劳动法律监督意见书》和《工会劳动法律监督建议书》。适用范围主要是：用人单位劳动规章制度的制定、修改、执行情况；劳动合同、劳动报酬、工作时间、休息休假等法律制度执行情况；安全生产、职业病防治等法律制度执行情况；劳动者参加和组织工会等权利落实及工会工作人员履职保护等法律制度执行情况。

三、工作举措

（一）建立双向通报和信息共享机制。

围绕元旦、春节等重要时间节点，聚焦欠薪、违法安排超时加班等突出问题，县级以上地方总工会与同级人民法院建立重大／敏感信息预警机制。工会发现劳动用工违法线索、重大敏感信息，向用人单位发出《工会劳动法律监督提示函》《工会劳动法律监督意见书》时，可同步将相关信息通报人民法院。人民法院就案件审理中发现的劳动权益保护类型化问题、重大敏感问题，及时向同级工会通报，加强矛盾纠纷预防化解指导；支持工会发布公开提示函，提醒、警示用人单位遵守劳动法律法规，推动劳动领域存在法律风险的普遍性问题实现诉源治理。

（二）探索建立司法建议与工会监督衔接机制。

人民法院可以根据辖区内类案办理情况，针对劳动用工违法行为等突出问题向有关用人单位发出司法建议书。人民法院可将司法建议书同步抄送用人单位所在地的县级以上地方总工会，县级以上地方总工会可以运用“一函两书”开展监督，并将结果及时反馈人民法院。工会和人民法院要强化工作协同，加强涉及新就业形态劳动者、老年劳动者、女性劳动者、农民工等群体权益的司法保障和劳动法律监督。鼓励和引导当事人通过非诉讼方式解决纠纷，积极预防和妥善化解劳动关系领域重大风险，维护劳动关系和谐与社会稳定。

（三）加强业务指导与培训。

县级以上地方总工会发出《工会劳动法律监督意见书》后，用人单位仍拒不改正违法用工行为的，工会可以积极协调检察机关支持劳动者提出权益维护诉求，人民法院依法公正高效审理劳动争议案件，不断提升审判质量和效率。县级以上地方总工会可以商请人民法院派员开展业务指导，对工会劳动法律监督员队伍开展业务培训，提升工会依法开展劳动法律监督的能力水平。

四、工作要求

地方各级总工会、人民法院要牢牢把握新时代“枫桥经验”的丰富内涵和实践要求，以全面推行“一函两书”为抓手，立足工作实际，加强协作配合，将有关情况定期报各自上级单位，形成上下联动、层层推进的工作格局。全国总工会与最高人民法院每年对“一函两书”实施情况进行总结和通报，联合评选典型案例、优秀文书，进行宣传推广。

各省级总工会、人民法院可以依据本通知，结合本地区实际制定具体工作方案。

中华全国总工会办公厅关于印发《工会劳动法律监督办法》的通知

（总工办发〔2024〕8号　2024年2月27日）

各省、自治区、直辖市总工会，各全国产业工会，中央和国家机关工会联合会，全总各部门、各直属单位：

修改后的《工会劳动法律监督办法》已经中华全国总工会第十八届书记处第8次会议审议通过，现印发给你们，请遵照执行。

工会劳动法律监督办法

（2024年2月21日　修改）

第一章　总　　则

第一条　为保障和规范工会劳动法律监督工作，维护职工合法权益，推动构建和谐劳动关系，根据宪法和《中华人民共和国工会法》、《中华人民共和国劳动法》、《中华人民共和国劳动合同法》及《中国工会章程》等有关规定，制定本办法。

第二条 工会劳动法律监督，是工会依法对劳动法律法规执行情况进行的有组织的群众监督，是我国劳动法律监督体系的重要组成部分。

第三条 工会劳动法律监督工作应当遵循依法规范、客观公正、依靠职工、协调配合的原则。

第四条 中华全国总工会负责全国的工会劳动法律监督工作。

县级以上地方总工会负责本行政区域内的工会劳动法律监督工作。

乡镇（街道）工会、开发区（工业园区）工会、区域性、行业性工会联合会等负责本区域或本行业的工会劳动法律监督工作。

用人单位工会负责本单位的工会劳动法律监督工作。

第五条 上级工会应当加强对下级工会劳动法律监督工作的指导和督促检查。

涉及工会劳动法律监督的重大事项，或者开展工会劳动法律监督工作有困难的，下级工会应当及时向上级工会报告，上级工会应当及时给予指导帮助。对上级工会交办的劳动法律监督事项，下级工会应当及时办理并报告。

必要时，上级工会可以代行下级工会的劳动法律监督职责。

第六条　工会应当积极配合有关部门，对政府部门贯彻实施劳动法律法规的情况进行监督。

第七条　有关劳动安全卫生、社会保险等各类专业监督检查，已有相关规定的，按规定执行。

第二章　监 督 职 责

第八条　工会开展劳动法律监督，依法享有下列权利：

（一）监督用人单位遵守劳动法律法规的情况；

（二）调查侵犯职工合法权益的问题；

（三）提出意见要求依法改正；

（四）提请政府或者有关执法部门依法处理；

（五）支持和帮助职工依法行使劳动法律监督权利；

（六）法律法规规定的其他劳动法律监督权利。

第九条　工会对用人单位的下列情况实施监督：

（一）执行国家有关就业规定的情况；

（二）执行国家有关订立、履行、变更、解除劳动合同规定的情况；

（三）开展集体协商，签订和履行集体合同的情况；

（四）执行国家有关工作时间、休息、休假规定的情况；

（五）执行国家有关工资报酬规定的情况；

（六）执行国家有关各项劳动安全卫生及伤亡事故和职业病处理规定的情况；

（七）执行国家有关女职工和未成年工特殊保护规定的情况；

（八）执行国家有关职业培训和职业技能考核规定的情况；

（九）执行国家有关职工保险、福利待遇规定的情况；

（十）执行国家有关支持劳动者参加和组织工会规定的情况；

（十一）执行企事业单位民主管理有关规定的情况；

（十二）制定、修改劳动规章制度或者决定重大事项的情况；

（十三）法律法规规定的其他劳动法律监督事项。

第十条 工会重点监督用人单位恶意欠薪、违法超时加班、违法裁员、未缴纳或未足额缴纳社会保险费、侮辱体罚、强迫劳动、就业歧视、使用童工、侵犯女职工特殊权益、损害职工健康等行为。对发现的有关问题线索，应当调查核实，督促整改，并及时向上级工会报告；对职工申请仲裁、提起诉讼的，工会应当依法给予支持和帮助。

各级工会应当加强对平台企业和平台用工合作企业、劳务派遣用工的法律监督。

第十一条 工会应当加强法治宣传，引导用人单位依法用工，教育职工依法理性表达合理诉求。

第十二条　工会建立隐患排查、风险研判和预警发布等制度机制，加强劳动关系矛盾预防预警、信息报送和多方沟通协商，把劳动关系矛盾风险隐患化解在基层、化解在萌芽状态。

第十三条　县级以上地方总工会经同级人大、政协同意，可以参加其组织的劳动法律法规执法检查、视察。

第三章　监督组织

第十四条　县级以上总工会设立工会劳动法律监督委员会，在同级工会领导下开展工会劳动法律监督工作。工会劳动法律监督委员会的日常工作由工会有关部门负责。

基层工会设立劳动法律监督委员会或监督小组。工会劳动法律监督委员会受同级工会委员会领导。

工会劳动法律监督委员会任期与本级工会任期相同。

第十五条　县级以上工会劳动法律监督委员会委员由相关业务部门的人员组成，也可以聘请社会有关人士参加。

基层工会劳动法律监督委员会委员或监督小组成员从工会工作者和职工群众中推选产生。

第十六条　工会劳动法律监督委员会可以聘任若干劳动法律监督员。工会劳动法律监督委员会成员同时为本级工会劳动法律监督员。

第十七条　工会劳动法律监督员应当具备以下条件：

（一）具有较高的政治觉悟，热爱工会工作；

（二）熟悉劳动法律法规，具备履职能力；

（三）公道正派，热心为职工群众说话办事；

（四）奉公守法，清正廉洁。

第十八条　工会劳动法律监督员实行先培训合格、后持证上岗制度。工会劳动法律监督员由县级以上总工会负责培训，对考核合格的，颁发《工会劳动法律监督员证书》。证书样式由中华全国总工会统一制定。

第十九条　各级工会应当建立有关制度和信息档案，对工会劳动法律监督员进行实名制管理，具体工作由工会有关部门负责。

第二十条　工会可以聘请人大代表、政协委员、专家学者、社会人士等作为本级工会劳动法律监督委员会顾问，也可以通过聘请律师、购买服务等方式为工会劳动法律监督委员会提供法律服务。

第四章　监督实施

第二十一条　基层工会对本单位遵守劳动法律法规的情况实行监督，对劳动过程中发生的违反劳动法律法规的问题，应当及时向生产管理人员提出改进意见；对于严重损害劳动者合法权益的行为，基层工会在向单位行政提出意见的同时，可以向上级工会和当地政府有关主管部门报告，提出查处建议。

第二十二条　工会建立健全劳动法律监督投诉制度，对实名投诉人个人信息应当予以保密。

第二十三条　上级工会收到对用人单位违反劳动法律法规行为投诉的，应当及时转交所在用人单位工会受理，所在用人单位工会应当开展调查，于三十个工作日内将结果反馈实名投诉人，并报上级工会。对不属于监督范围或者已经由行政机关、仲裁机构、人民法院受理的投诉事项，所在用人单位工会应当告知实名投诉人。

第二十四条　工会在处理投诉或者日常监督工作中发现用人单位存在违反劳动法律法规、侵害职工合法权益行为的，可以进行现场调查，向有关人员了解情况，查阅、复制有关资料，核查事实。

第二十五条　工会劳动法律监督员对用人单位进行调查时，应当不少于2人，必要时上级工会可以派员参与调查。

工会劳动法律监督员执行任务时，应当将调查情况在现场如实记录，经用人单位核阅后，由调查人员和用人单位的有关人员共同签名或盖章。用人单位拒绝签名或盖章的，应当在记录上注明。

工会劳动法律监督员调查中应当尊重和保护个人信息，保守用人单位商业秘密。

第二十六条 工会主动监督中发现违反劳动法律法规、侵害职工合法权益行为的，应当代表职工要求用人单位整改。对于职工的投诉事项，经调查认为用人单位不存在违反劳动法律法规、侵害职工合法权益行为的，应当向职工说明。

第二十七条 用人单位违反劳动法律法规、侵害职工合法权益，经协商沟通解决不成的，由基层工会或工会劳动法律监督组织向用人单位发出《工会劳动法律监督提示函》。

县级以上地方总工会可以就本区域带有普遍性的问题，公开发布《工会劳动法律监督提示函》。

经《工会劳动法律监督提示函》提示或沟通无效的，根据实际情况，由县级以上地方总工会向用人单位发出《工会劳动法律监督意见书》，也可以由基层工会或工会劳动法律监督组织向用人单位发出《工会劳动法律监督意见书》。

用人单位收到《工会劳动法律监督意见书》后，应在三十个工作日内作出书面答复。用人单位未在规定期限内答复，或者无正当理由拒不改正的，由基层工会或工会劳动法律监督组织提请县级以上地方总工会向同级人民政府有关执法部门发出《工会劳动法律监督建议书》，并提供相关材料。

第五章　监督保障

第二十八条　工会开展劳动法律监督活动所需经费纳入本级工会预算。

第二十九条　地方工会可以结合实际，建立非公有制企业工会劳动法律监督员配套补助制度。

第三十条　各级工会应当为工会劳动法律监督员履职提供必要条件。工会劳动法律监督员因依法履职受到打击报复的，有权向本级或上级工会反映，上级工会应当及时给予支持和帮助，依法维护其合法权益。

第六章　附　则

第三十一条　本办法由中华全国总工会负责解释。

第三十二条　本办法自印发之日起施行。